ROSMARIE RABANSER GAFRILLER

EINFACH SÜDTIROL

Wandern ohne Auto

30 UMWELTFREUNDLICHE TOUREN
MIT BUS, ZUG UND SEILBAHN

TAPPEINER.

Inhalt

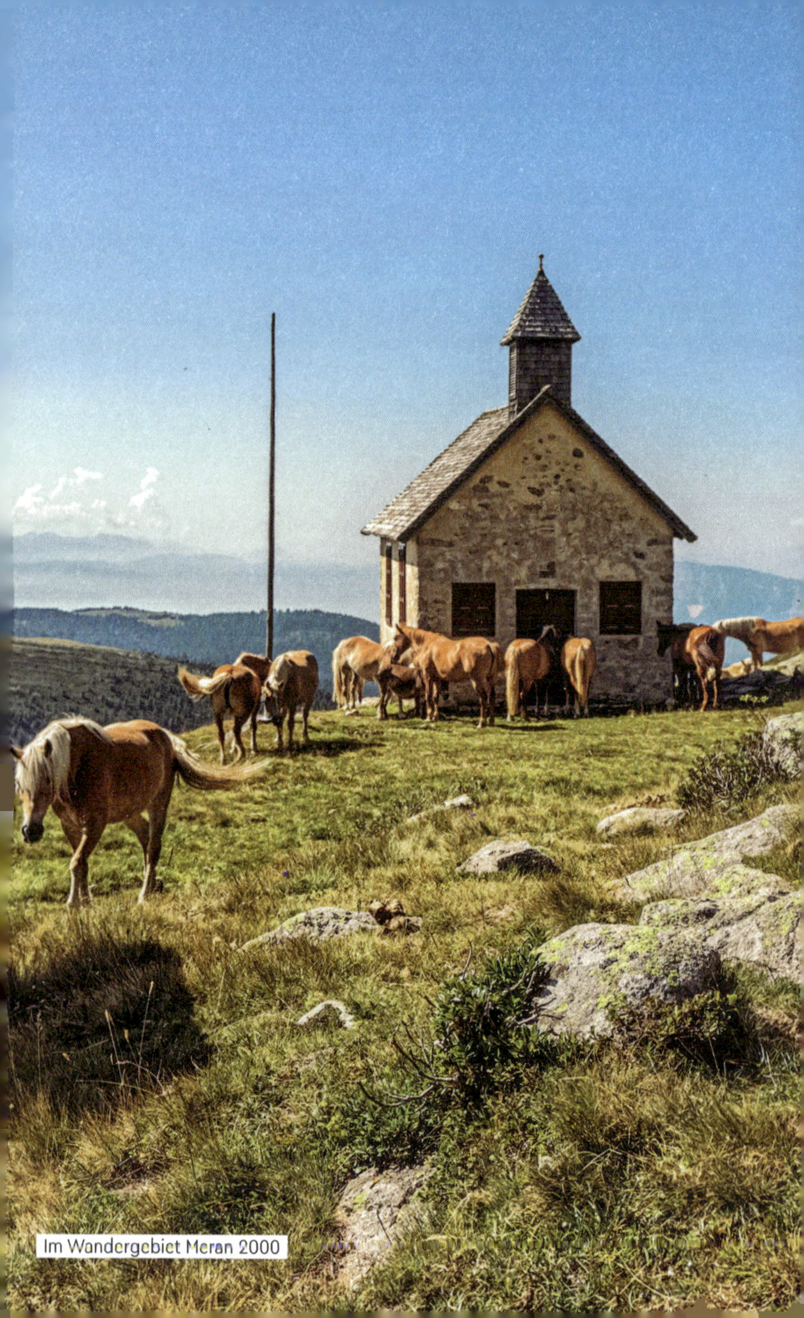

Im Wandergebiet Meran 2000

Vorwort

Südtirol ist eine allseits bekannte, vielfältige und äußerst beliebte Wanderregion. Man kann sich von tiefen Tallagen bis in die Gletscherwelt bewegen, dabei bleibt kein Wunsch offen. Die Zeiten ändern sich aber, der Klimawandel macht sich auch in den Bergen deutlich bemerkbar. Zudem sind an bekannten und beliebten Plätzen an manchen Tagen die Autoschlangen lang und die Parkplätze überlastet.

Dieses Büchlein soll mit seinem Thema „Wandern ohne Auto" dazu anregen, sich auf neue Abenteuer einzulassen. Dies kann man in Südtirol mit etwas Flexibilät problemlos umsetzen, das Netz der öffentlichen Verkehrsmittel ist nämlich nahezu flächendeckend sehr gut ausgebaut.

Sämtliche Wanderungen dieses Buches wurden von der Autorin mit Zug, Bus und Seilbahn umgesetzt und sind somit auf Machbarkeit und Durchsetzbarkeit geprüft. In diesem Büchlein ist sicherlich für jeden etwas dabei, einige Varianten entlang des Weges sind ebenfalls angegeben.

Ein absolutes Muss ist die **Südtirolmobil APP**, die immer aktuell ist und sämtliche öffentliche Verbindungen aufzeigt.

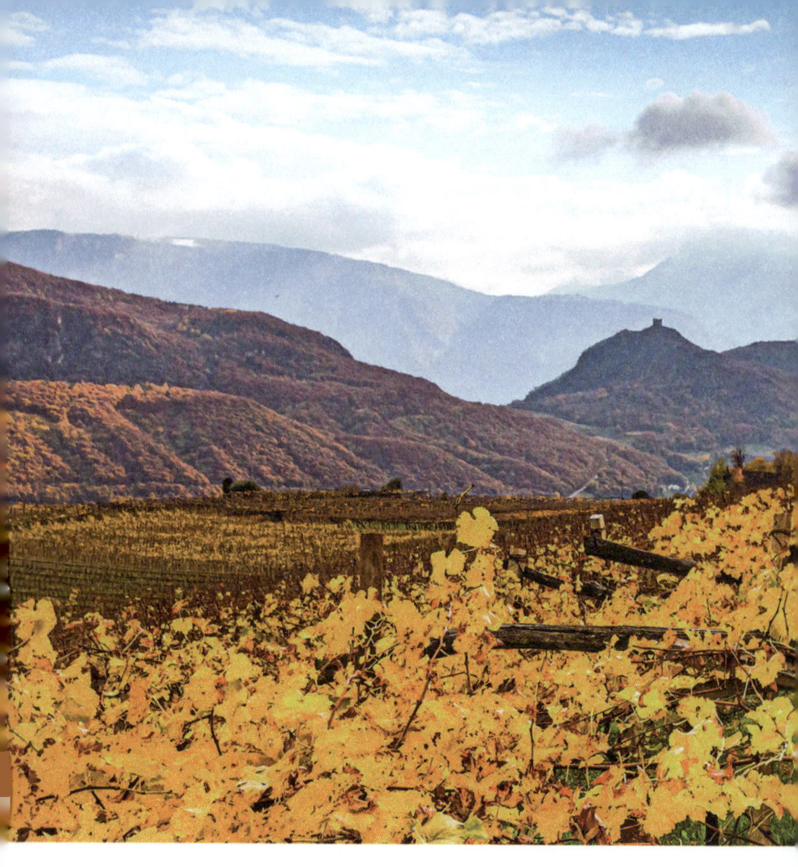

Einige Ziele sind mit den öffentlichen Verkehrsmitteln nur in der Wandersaison erreichbar. Alle Angaben im Buch wurden sorgfältig recherchiert, es kann aber immer temporäre Änderungen geben.

TIPP: Vergewissern Sie sich kurz vor dem Start über die Abfahrtszeiten der entsprechenden Verkehrsmittel, denn eine

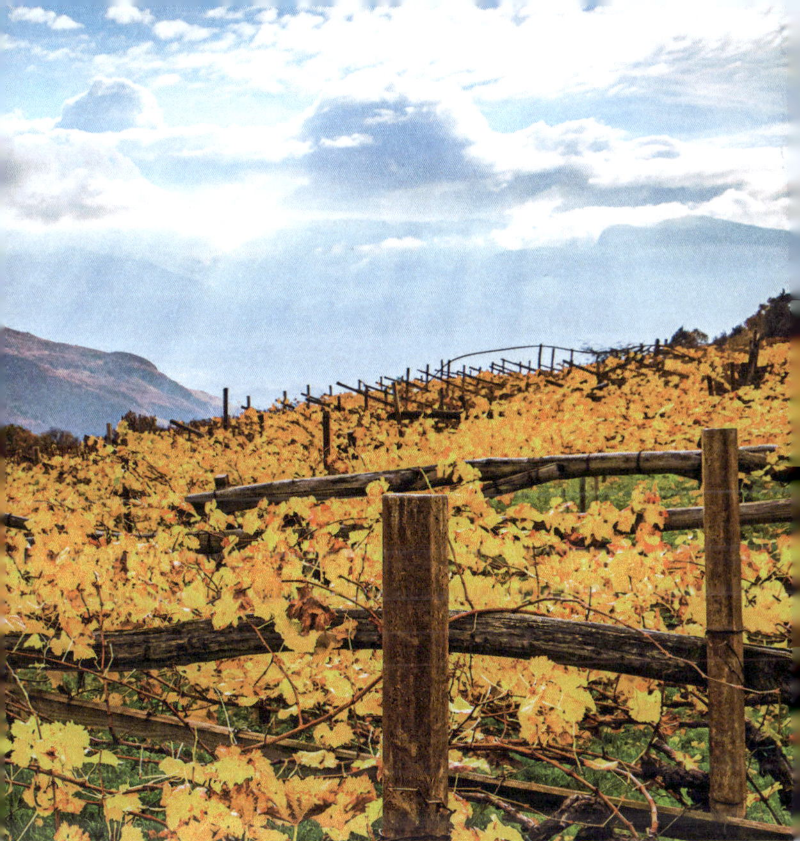

Weinberge im Überetsch

fehlende Internetverbindung an einem abgelegenen Plätzchen kann zu einem ausgewachsenen Problem werden ... das sind eigene Erfahrungswerte!

Ich wünsche Ihnen viele spannende Wanderungen und Abenteuer mit diesem Büchlein!
Ihre Rosmarie Rabanser

Einführung

Ausgangspunkt der Tour
Auf der Karte mit diesem Symbol gekennzeichnet

Ziel der Tour
Auf der Karte mit diesem Symbol gekennzeichnet

Streckenlänge
Die Angabe der gesamten Strecke in Kilometern

Zeit
Der Zeitbedarf bezieht sich auf die reine Gesamtgehzeit, ohne Essens-, Trink- oder Erholungspausen.

Höhenmeter bergauf
Die angeführten Meter betreffen die bergauf zu bewältigenden Höhenmeter.

Höhenmeter bergab
Die angeführten Meter betreffen die bergab zu bewältigenden Höhenmeter.

Schwierigkeit
einfach: einfache, meist flache Wege und Forststraßen mit wenigen zu bewältigenden Höhenmetern
mittel: Forststraßen und Pfade mit einigen zu bewältigenden Höhenmetern
schwierig: aufgrund der Weglänge und/oder der zu bewältigenden Höhenmeter relativ anspruchsvolle Touren

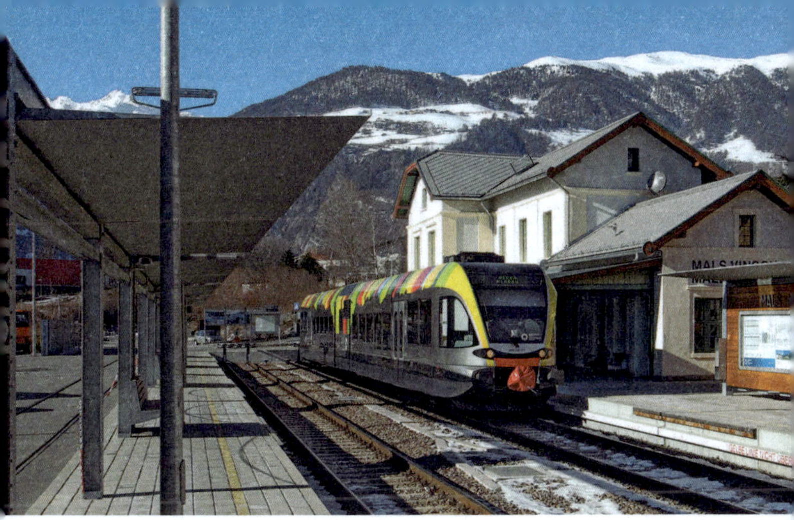

Die Vinschger Bahn

Anfahrt

Die Anfahrt wird mit den möglichen Verkehrsmitteln angegeben. Individuelle Hin- und Rückfahrten können mit der **Südtirolmobil APP** eruiert werden.

Detaillierte Busverbindungen zum Ausgangspunkt der Wanderung

Hier werden spezielle Linienbusse und/oder Wanderbusse zum Ausgangspunkt der Wanderung angegeben.

Über die kostenfreie **Notrufnummer 112** kann in Südtirol auch bei Berg- und Freizeitunfällen Hilfe angefordert werden. Dabei ist es wichtig, seinen Standort, die Art des Unfalls, nach Möglichkeit das Verletzungsmuster anzugeben sowie eine Mobiltelefonnummer, über die der Hilfesuchende gegebenenfalls erreicht werden kann.

outdooractive

Outdooractive ist Europas **größte Outdoor-Plattform für Web & App:** Das Unternehmen mit Standorten in sieben verschiedenen Ländern beschäftigt mehr als 150 Mitarbeiter aus über 30 verschiedenen Nationen. Die Plattform verbucht im Durchschnitt **13 Millionen Aufrufe pro Monat** und wird von Outdoor-Liebhabern in **mehr als 156 Ländern** genutzt.
Das innovative Unternehmen bietet seinen Nutzern, die jeder Altersklasse und jedem Fitnesslevel angehören, unzählige Tourenvorschläge zu **30 verschiedenen Aktivitäten.** Mit der ausdifferenzierten Filterfunktion nach Schwierigkeitsgrad, Länge, Dauer und vielen weiteren Parametern können **Wanderer, Skitourengeher, Mountainbiker und Co.** die Tour finden, die am besten zu ihnen passt.
Außerdem haben registrierte Nutzer die Möglichkeit, über die Plattform **eigene Touren** zu planen. Dafür stellt Outdooractive präzise, weltweite Vektorkarten zur Verfügung, in denen man Punkt für Punkt seine Route eintragen kann. Ferner lassen sich Wegbeschreibungen, Bilder, interessante Punkte auf der Route und vieles mehr zur Tour hinzufügen. Die Tour kann man dann mit ausgewählten Nutzern teilen, aber auch der ganzen Outdooractive-Community zur Verfügung stellen. Touren mit Kartenmaterial lassen sich außerdem bequem herunterladen und so auch offline nutzen.

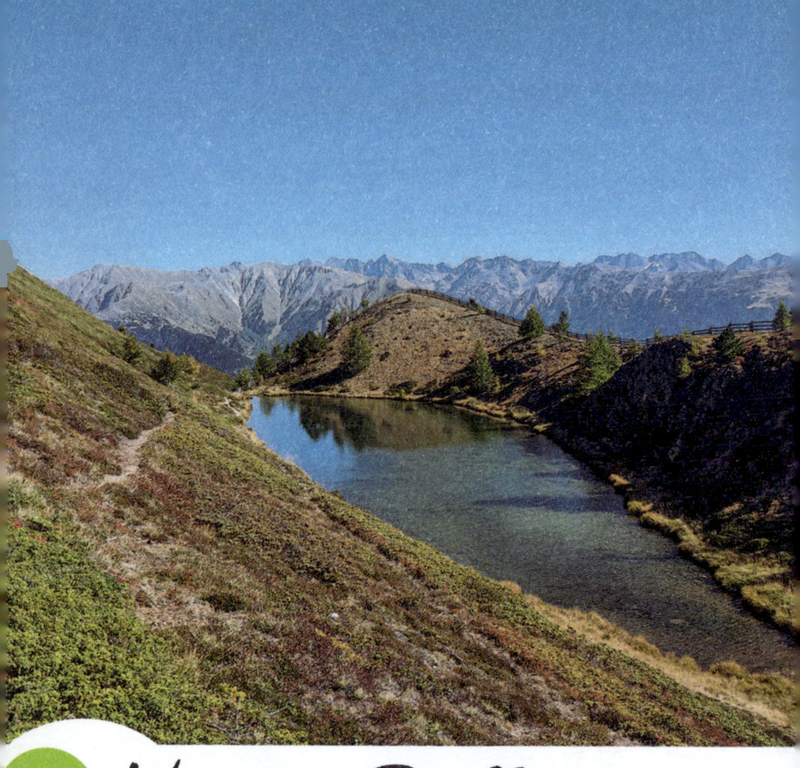

1 Von den Pfaffenseen zum Haider See

„Von der Bergstation Watles zu den Pfaffenseen, über den Schafberg hinab ins Zerzer Tal zur Bruggeralm und zum Haider See“

Bergstation Watles (2142 m)

Bushaltestelle Fischerhäuser am Haider See (1453 m)

11,6 km

3:45 h

287 m

975 m

mittel

Mit dem Zug oder Linienbus in den Vinschgau nach Mals

Vom Bahnhof Mals fährt der Linienbus 277 bis zur Talstation des Watles (Prämajur). Bitte die Abfahrtszeiten kontrollieren, der Bus verkehrt nicht stündlich und ist jahreszeitenabhängig!

Wenn man die Bergstation des Watles-Liftes erreicht, hat man die Qual der Wahl: Sollte man sich gemütlich auf die Terrasse der nahegelegenen Plantapatschhütte setzen, einen Kaffee genießen und die Aussicht auf sich wirken lassen oder sich eventuell mit der Familie im darunter befindlichen Seespielplatz austoben? Auch Wanderer erwartet dieses Knobelspiel: Gipfelstürmer könnten zum schönen Watleskreuz aufsteigen oder oberhalb des Schlinigtales zur Sesvennahütte wandern. Eine lohnenswerte Alternative wäre, zu den Pfaffenseen in unberührter Natur zu spazieren. Diese sind Teil des vorliegenden Wandervorschlages. Ohne zu wollen wird man unterwegs immer wieder zum Innehalten und Schauen animiert, grüßt doch beispielsweise der königliche Anblick der Ortlergruppe oder der Talboden des gesamten Obervinschgaus. Zudem

Der idyllisch gelegene kleine Pfaffensee

wird die Tour von weiteren „Lacken" und Seen begleitet: so der Faule See oder am Ziel der Haider See. Den Reschensee kriegt man auch zu sehen. Ein weiterer Höhepunkt ist das idyllische Zerzer Tal mit der beliebten Bruggeralm. Dort kann neben anderem auch selbstgemachter Käse und Butter verkostet werden.

Wegbeschreibung: Von der Bergstation des Watles-Liftes (2142 m) wendet man sich nach rechts und folgt der Beschilderung, welche zu den Pfaffenseen (2225 m) weist. Diese erreicht man nach einem kurzen Aufstieg. Dort angekommen, spaziert man zwischen den beiden Seen durch und hält sich dann links hinauf. Man wandert bergauf, bis sich im Bereich des Schafberges (2411 m) die Wege teilen. Man entscheidet sich für den Wanderweg 9A, der zur Oberdörfer Alm und in das Zerzer Tal hinableitet. Auf einem Forstweg gelangt man zur Bruggeralm (1914 m). Von dort geht es auf Weg 8, teilweise über Forst- und Wanderwege in mal mehr und weniger steilem Verlauf, weiter zur St.-Martin-Kapelle sowie auch zum Faulen See (1580 m). Anschließend spaziert man auf Weg 5A, dann links abgehend kurz auf dem Radweg 5B und schließlich rechts haltend auf dem Seerundweg (Nr. 1) zur Bushaltestelle bei den Fischerhäusern (1453 m).

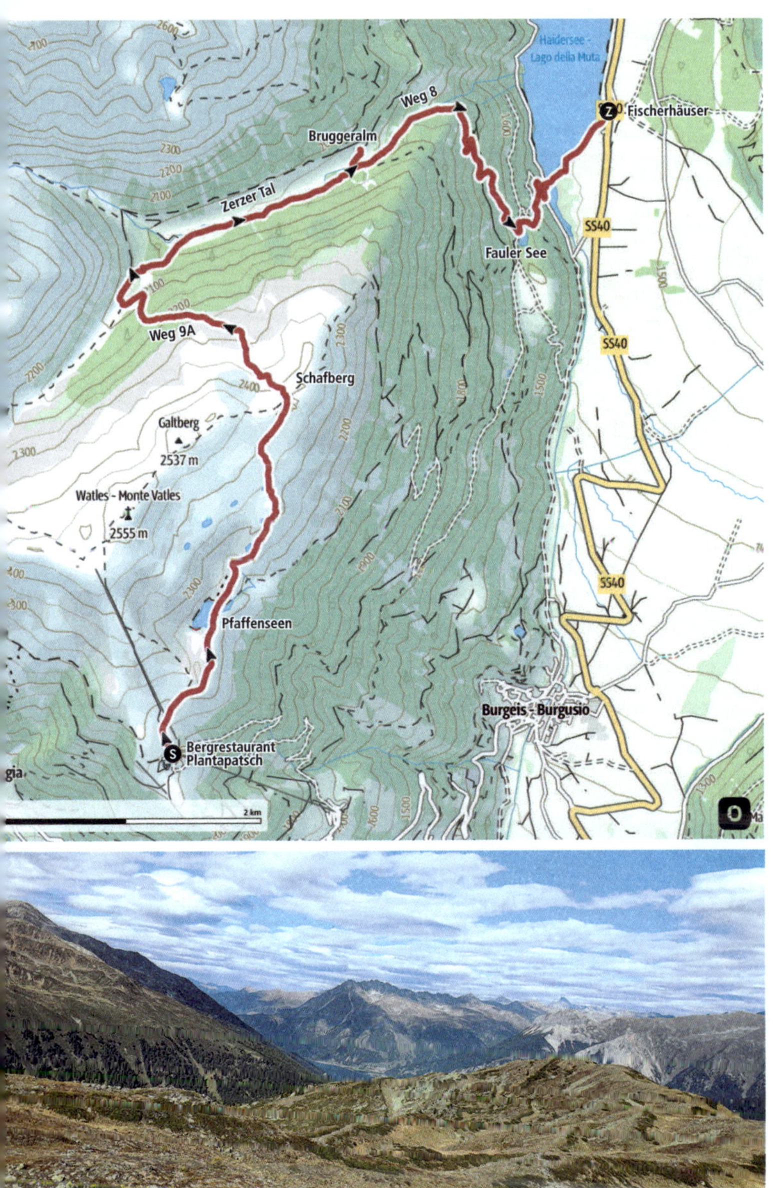

Herrliche Aussicht mit dem Reschensee im Hintergrund

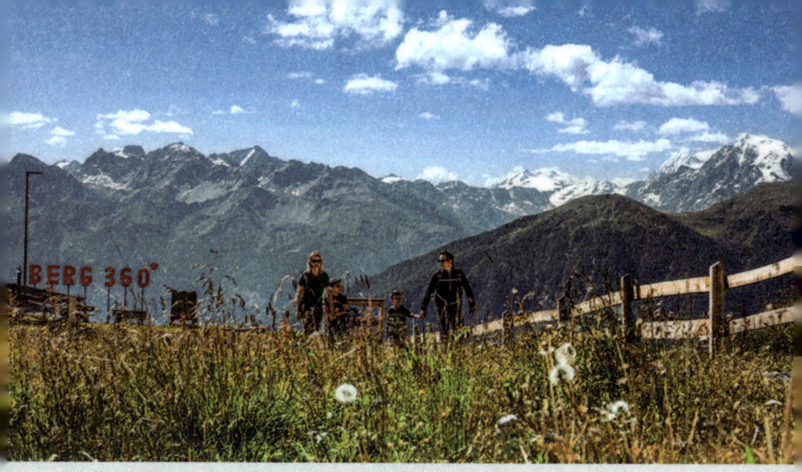

Erlebnisberg Watles – besonderes Ausflugsziel für die ganze Familie

ERLEBNISBERG WATLES

Über den Wanderweg oder auch mit dem Sessellift erreicht man die Bergstation mit dem einzigartigen 360-Grad-Panorama. Dort sorgen für Unterhaltung der Spielesee, die Trampoline, die Reifenrutsche, der 3-D-Bogenparcours und die abenteuerliche Fahrt mit den Watles-Ridern. Die Plantapatschhütte und die Höfer Alm runden das Erlebnis mit regionaler Küche und sonnigen Terrassen ab.

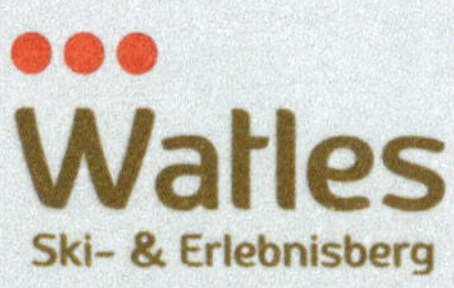

Touristik & Freizeit GmbH

Erlebnisberg Watles
Prämajur
I-39024 Mals

T +39 345 7670255
info@watles.net
www.watles.net

Öffnungszeiten
Ende Mai – Mitte Oktober
Mitte Dezember – Ostern
Details siehe Homepage

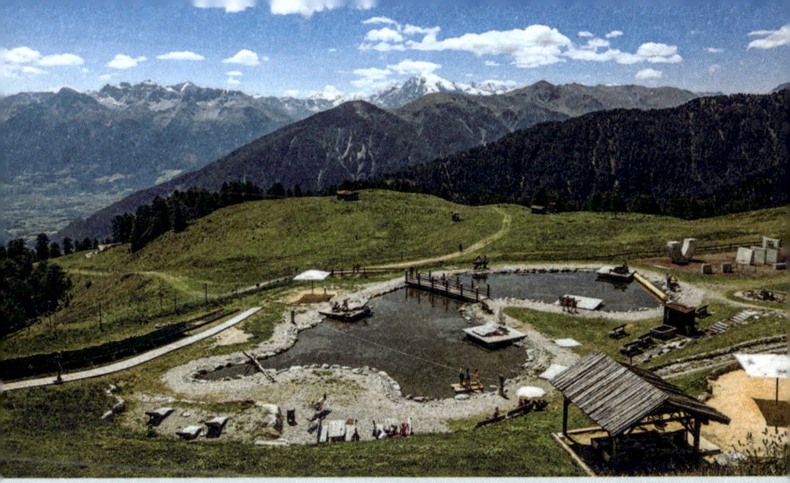

„Dein Berg, Mein Berg – INSER Berg"

Hochgenuss auf über 2000 m

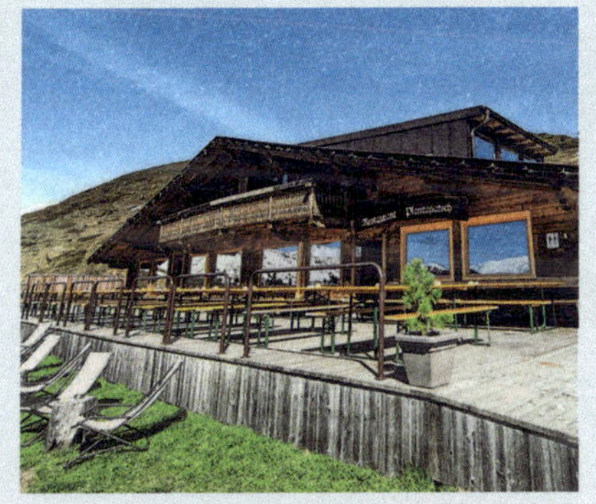

Spiel & Spaß am Watles

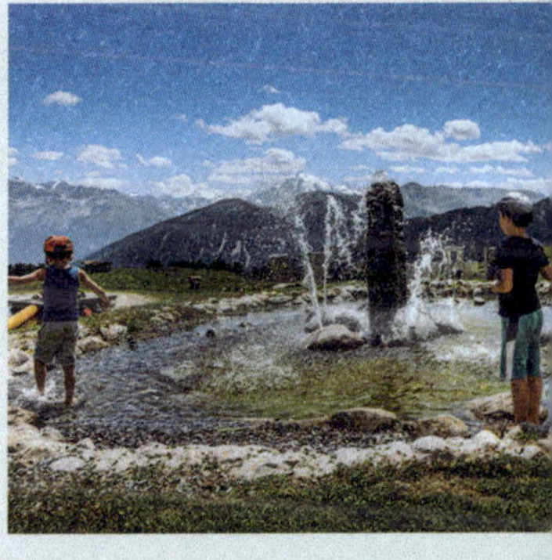

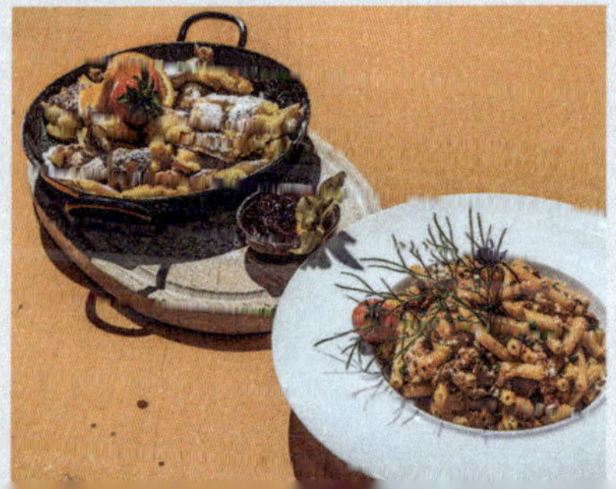

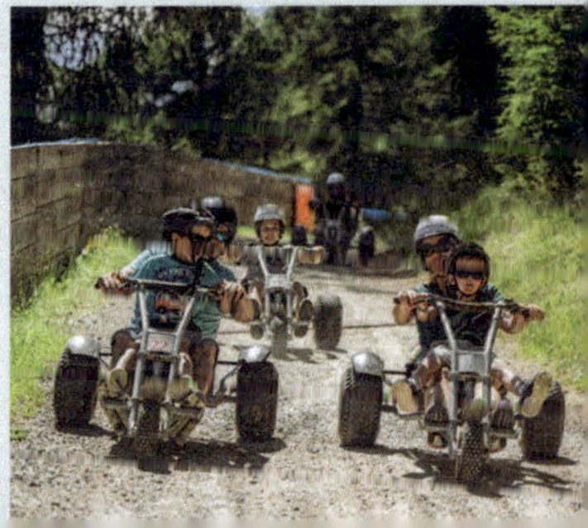

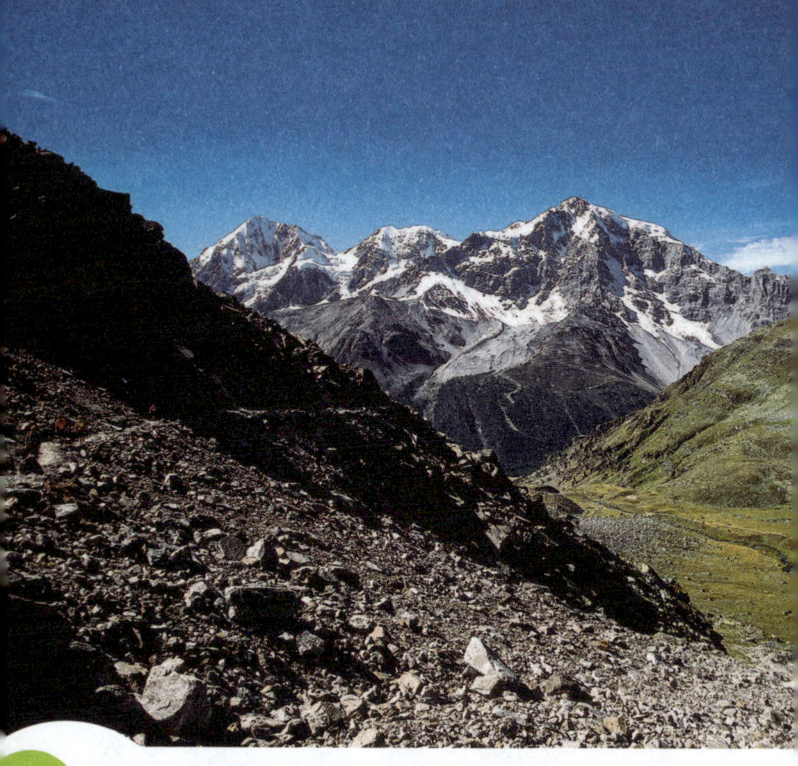

2

Im Reich von König Ortler

»Von der Franzenshöhe zum Stilfser Joch und weiter über den Goldseeweg bis zur Furkelhütte«

Ⓢ Bushaltestelle Franzenshöhe an der Stilfser-Joch-Straße (2189 m)

Ⓩ Bergstation des Sesselliftes bei der Furkelhütte (2153 m)

|—| 13,1 km

4:50 h

753 m

789 m

mittel

Mit dem Zug oder Linienbus in den Vinschgau bis Spondinig. Weiter mit dem Linienbus 271 über Prad nach Trafoi

Von Mitte Juni bis Mitte Oktober fährt der Linienbus 270 von Trafoi auf das Stilfser Joch.

Diese Tour verläuft im äußersten Westen Südtirols im Grenzbereich und war dadurch im Ersten Weltkrieg auch Frontgebiet. Immer wieder wird man im Laufe dieser Wanderung daran erinnert. Sei es durch Schautafeln oder auch die Ruinen der „Goldsee-Stellung" entlang des Goldseeweges. Zudem befindet sich dieses Gebiet im Bereich des Nationalparkes Stilfserjoch, welcher mit 1307 Quadratkilometern zu den größten Naturschutzgebieten Europas gehört. Auch dazu erhält man Aufklärung auf den Schautafeln. In diesem Zusammenhang soll gesagt werden, dass man im Sommer vor allem beim Aufstieg zum Stilfser Joch auf viele Edelweiße trifft. Die am Weg befindliche Dreisprachenspitze trägt nicht umsonst diese Bezeichnung: Hier treffen Südtirol, die italienischsprachige Provinz Sondrio und Graubünden (Schweiz) aufeinander und der Ausblick hinterlässt bleibende

Blick auf das Ortler-Dreigestirn: Königspitze, Zebrù und Ortler

Erinnerungen. Einen besonderen Eindruck vermittelt auch der Blick zum Ortler, welcher einen am Goldseeweg erfreut. Zu den Höhepunkten zählt auch noch die kurvige Stilfser-Joch-Straße, welche bereits 1825 gebaut wurde und als zweithöchste Passstraße der Alpen gilt.

Wegbeschreibung: Am Hotel Franzenshöhe (2189 m) links vorbeispazieren und dann auf Weg 13 Richtung Stilfser Joch weiterwandern. Er teilt sich bald und man verbleibt auf dem breiten Weg 13. Man überquert eine Brücke und dann zieht sich der, nunmehr zu einem Steig gewordene, schottrige Weg aufwärts, vorbei an vom Gletscher abgeschliffenen Felsen. Die Steigung wird durch Serpentinen abgemildert. Vorbei an erklärenden Schautafeln erreicht man den höchsten Punkt und wandert nun abwärts zum Stilfser Joch (2758 m). Auf der anderen Seite der Straße steigt man auf Weg 20 zur Dreisprachenspitze nahe des schlossartigen Rifugio Garibaldi (2845 m) auf. Dann dreht der Weg (auch als Goldsee-Weg bezeichnet) nach rechts und in leichtem Auf und Ab, vorbei an Infotafeln zum Frontgeschehen im Ersten Weltkrieg, erreicht man nach langer, aber sehr aussichtsreicher Wanderung die Furkelhütte (2153 m). Wer noch übriges Schmalz in den Beinen hat, kann zu Fuß nach Trafoi absteigen. Man kann aber auch mit dem Sessellift sein Ziel erreichen.

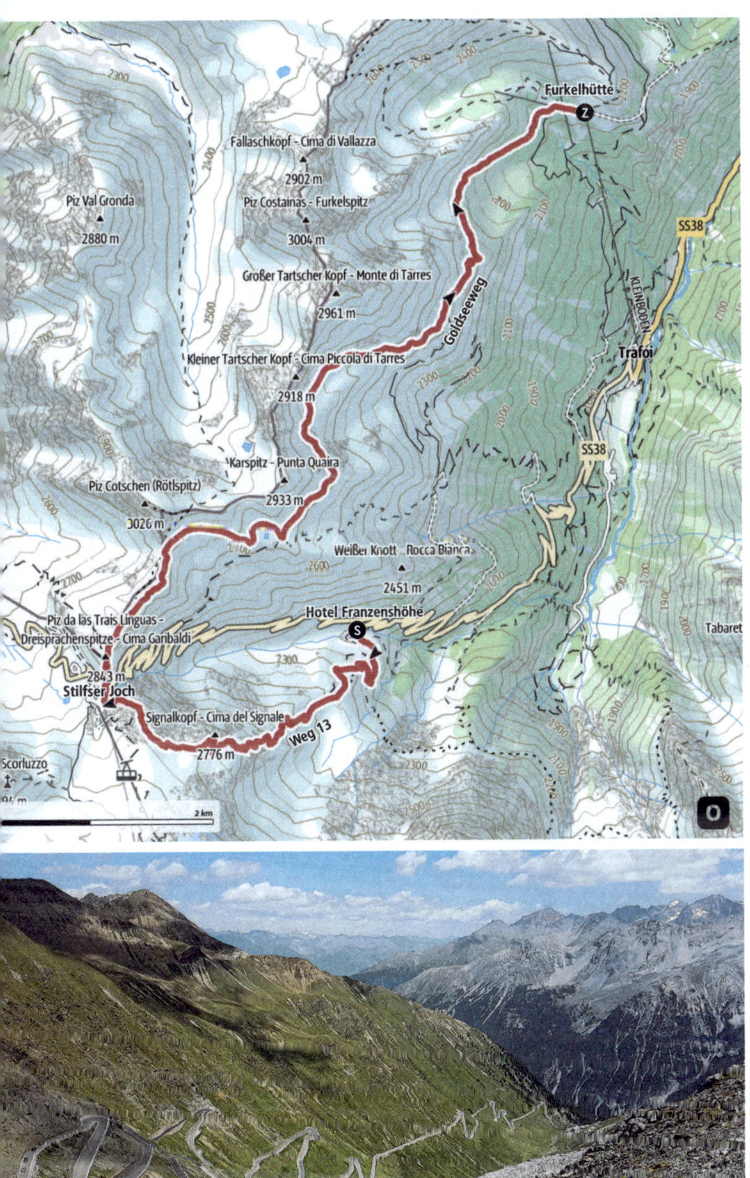

Die Stilfser-Joch-Straße mit ihren 48 Kehren

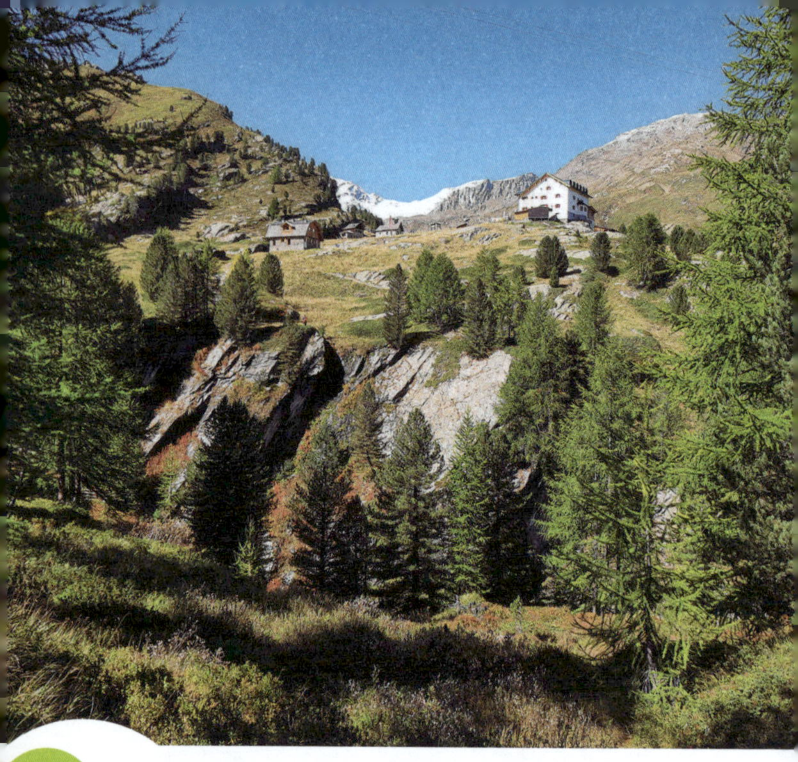

3 Hüttenwanderung im Martelltal

„Vom Marteller Talschluss über den Themenweg „Erlebnis Plimaschlucht" hinauf zur Zufall- und Marteller Hütte"

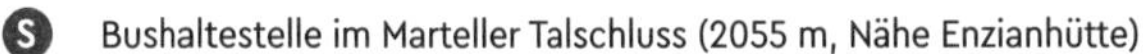

Bushaltestelle im Marteller Talschluss (2055 m, Nähe Enzianhütte)

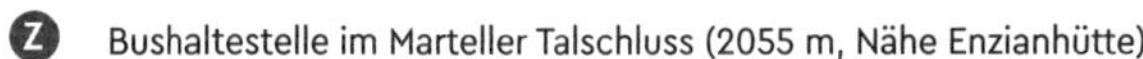

Bushaltestelle im Marteller Talschluss (2055 m, Nähe Enzianhütte)

9,9 km

4:00 h

570 m

570 m

mittel

Mit dem Zug oder Linienbus in den Vinschgau bis Goldrain

Der Linienbus 262 fährt vom Bahnhof Goldrain bis zur Haltestelle Martell-Gand. Ab 20. Mai (ungefähr) bis Mitte Oktober fährt von dort zusätzlich der Linienbus 264 bis zum Talschluss in Hintermartell (Enzianhütte).

Eine Runde mit spektakulären Ausblicken: Da wäre zum ersten der Themenweg „Erlebnis Plimaschlucht" zu nennen. Von mehreren Aussichtspunkten, welche in rostfarbenem Cortenstahl angefertigt wurden, kann man aus gut abgesicherter Entfernung in die schwindelerregende Schlucht des Plimabaches hinabschauen. Diese wurde durch den Marteller Talbach im Laufe der Jahrtausende ausgeformt. Diese Einblicke waren bis zur Errichtung der Plattformen kaum möglich. Kurz vor der Zufallhütte wird die Plima über eine außergewöhnliche Hängebrücke überquert. Die Zufallhütte selbst gewährt einen herrlichen Ausblick auf die Gletscherwelt der Zufallspitze und des Cevedale und auch auf den tiefer im Tal liegenden Stausee, den Zufrittsee. Zudem ist diese Hütte nebst dem Badhaus und der Kapelle ein geschichtsträchtiger Platz, welcher an den Ersten Weltkrieg erinnert. Hütte und

Blick auf das Plateau mit Zufallhütte, Kapelle und Badhaus

Badhaus wurden jüngst renoviert. Auf dem Weiterweg zur ebenso aussichtsreichen Marteller Hütte überquert man ein weiteres Bauwerk, den sogenannten Staudamm. Er wurde vor über 100 Jahren als Vorsichtsmaßnahme gegen ausbrechende Gletscherseen errichtet und 2023 saniert.

Wegbeschreibung: Von der Bushaltestelle (2055 m) wandert man vorbei am Infopunkt und folgt bald der Beschilderung „Erlebnisweg Plimaschlucht" nach links. Der gleichnamige Bach wird ein erstes Mal überquert, man gelangt zu einem kleinen See und dann ansteigend, mit Abzweigungen zu den Aussichts-Plattformen, zur Hängebrücke und nach deren Überquerung in Kürze zur Zufallhütte (2265 m). Von dort folgt man der Beschilderung zur Marteller Hütte (Weg 103) und erreicht einen Steinwall, den sogenannten Staudamm. Nach dessen Überquerung geht es auf dem Wanderweg 31A und schließlich 37 zuerst in Serpentinen steil ansteigend und dann in gemütlicherem Verlauf hinauf zur Marteller Hütte (2610 m). Für die Rückkehr wählt man den Abstieg auf Weg 103 und bei Erreichen des Staudammes geht man auf dem bereits bekannten Weg zur Zufallhütte zurück. Dort hält man sich links und kehrt auf Weg 151, welcher zuerst als Wander- und schließlich als Forstweg ausgebaut ist, zum Ausgangspunkt (2055 m) zurück.

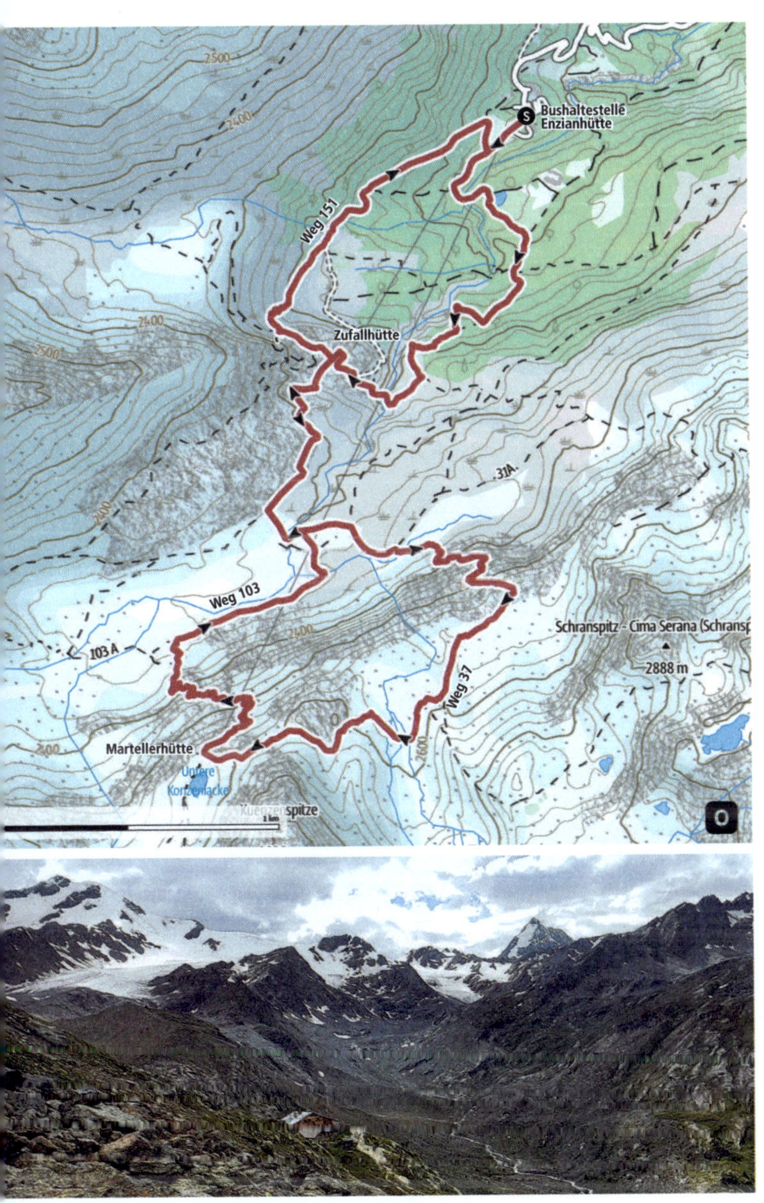

Die Martellerhütte mit Zufallspitze (links) und Königspitze (rechts)

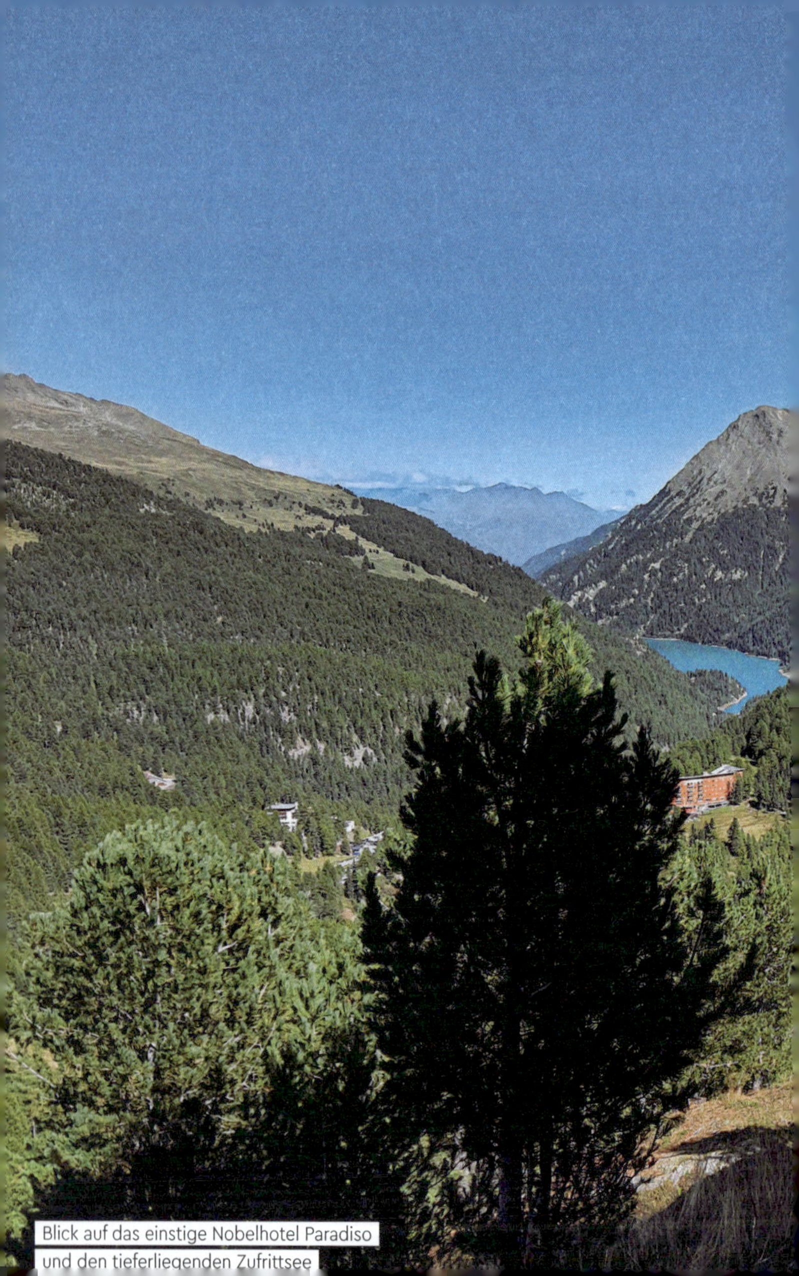

Blick auf das einstige Nobelhotel Paradiso
und den tieferliegenden Zufrittsee

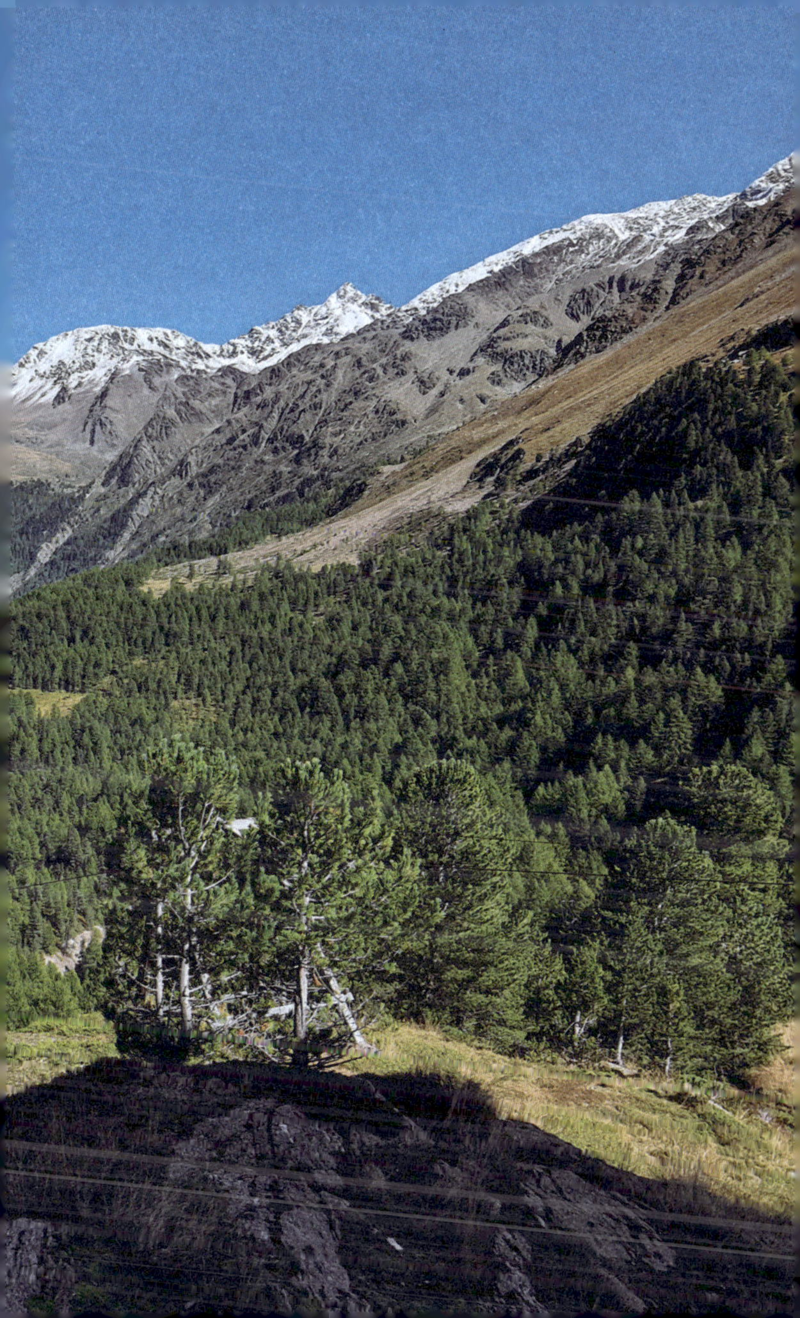

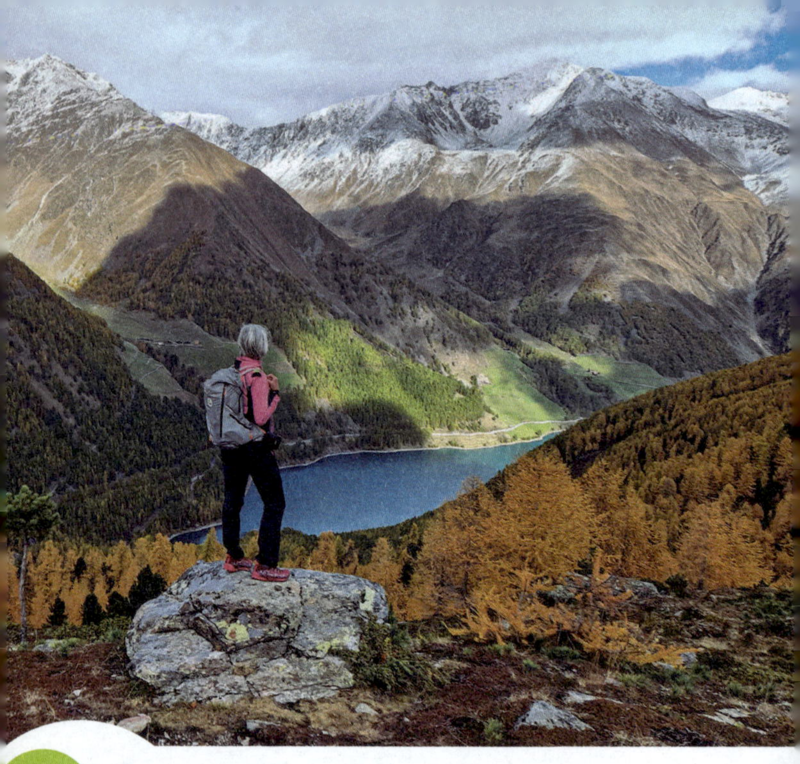

4 Lärchenwanderung im Schnalstal

„Von Vernagt durch herrliche, goldgelb gefärbte Lärchenwälder zur Berglalm und weiter nach Kurzras“

S Bushaltestelle Vernagt im Schnalstal (1697 m)

Z Bushaltestelle in Kurzras (2010 m)

10,6 km

4:00 h

626 m

313 m

mittel

Mit dem Zug oder Linienbus in den Vinschgau bis Naturns

Der Ausgangs- und Endpunkt ist mit dem Linienbus 261 von Naturns ausgehend regelmäßig erreichbar.

Falls man genauso wie die Autorin ein Liebhaber von herbstlich gefärbten Lärchenwäldern ist, dann kommt man bei dieser Tour voll auf seine Kosten. Wenn man den richtigen Zeitpunkt erwischt, dann erwartet einen ein wahres Feuerwerk, dessen Genuss noch durch den Blick auf den türkis schimmernden Stausee gesteigert wird. Dieser begleitet einen nämlich kontinuierlich. Der einzige Wermutstropfen, der aber den Wanderern nicht vorenthalten werden soll, ist der Umstand, dass man ein Stück weit im Schatten wandert, doch die grad im Herbst begehrte Sonne lässt sich schließlich blicken. Der Wald wechselt sich ab der Grubalm auch mit freien Weideflächen ab und man wird umgeben von einem Kranz von Bergen: Similaun, Grawand oder das Kreuz der Nockspitze, das immer wieder über einem aufblitzt; man könnte noch viele aufzählen … Dies alles trägt dazu bei, dass

Herrlicher Blick oberhalb des Stausees von Vernagt Richtung Tisen- und Finailtal

die Gehzeit sich eher verlängert. Aber spätestens, sobald man die flatternde Fahne der wunderbar, aber noch weit entfernt liegenden Berglalm erblickt, wird einem klar, dass man einen Zahn zulegen sollte. Sind es bis zur Berglalm vor allem die Lärchen, die faszinieren, dann sind es danach die herrlichen, knorrigen Zirbelkiefern, die den Weg gestalten. Einen landschaftlich besonders einprägsamen Eindruck hinterlässt auch das Gebiet des Lagauntales. Natürlich ist die Tour auch im Sommer sehr empfehlenswert.

Wegbeschreibung: Von der Bushaltestelle in Vernagt (1697 m) ausgehend den Staudamm überqueren und kurz nach rechts weiterspazieren. Bald weisen die Schilder auf Weg 13 hin, auf welchem man links hinauf die Grub- und Berglalm in gut zwei Stunden erreicht. Auf einem anfänglich etwas steilen, aber dann gemütlicher werdenden Wanderweg geht man durch Fichtenwald bergauf, der mit Lärchen durchsetzt ist. Man gelangt zur Grubalm (2189 m) und marschiert nunmehr im freien Gelände weiter, ohne größere Höhenunterschiede überwinden zu müssen. Nachdem man zur Berglalm (2214 m) gelangt, wird die Wanderung auf Weg 5 in mehr oder wenig ebenem Verlauf fortgesetzt. Man gelangt zur Brücke über den Lagaunbach und anschließend geht bald Weg 4 ab, der in einer Stunde zur Bushaltestelle in Kurzras (2010 m) führt.

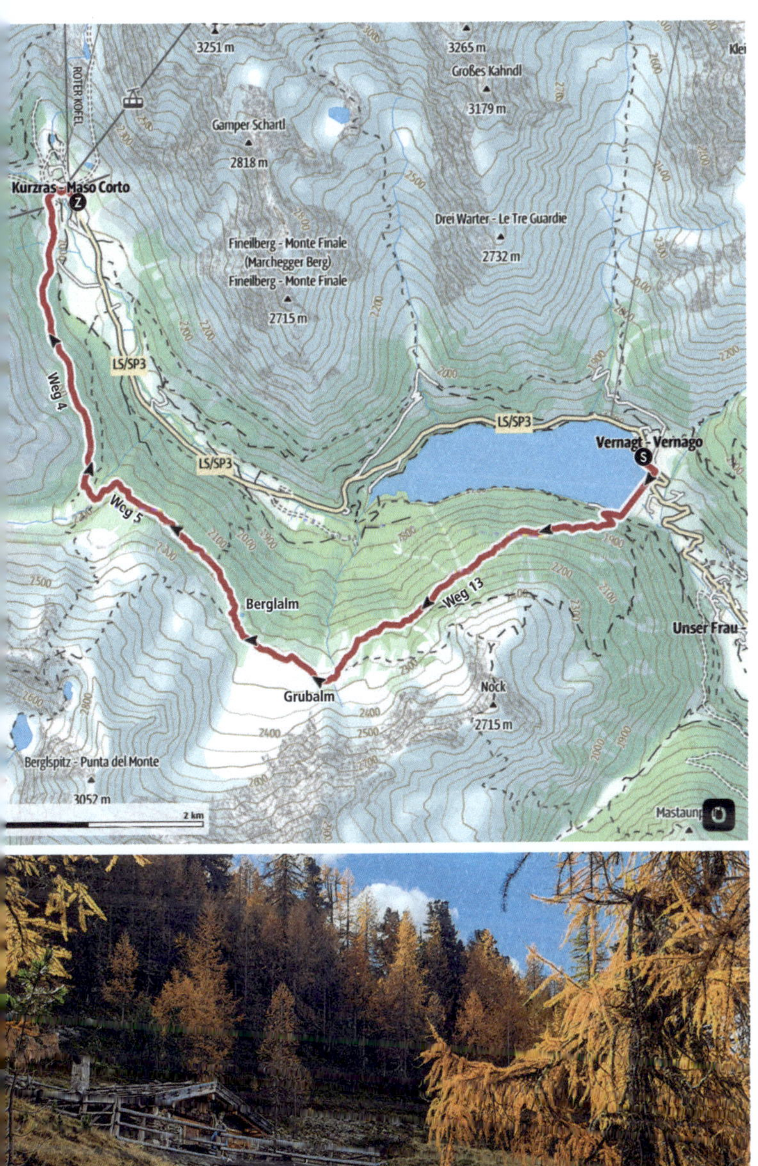

Die urige Grubalm am Wegesrand

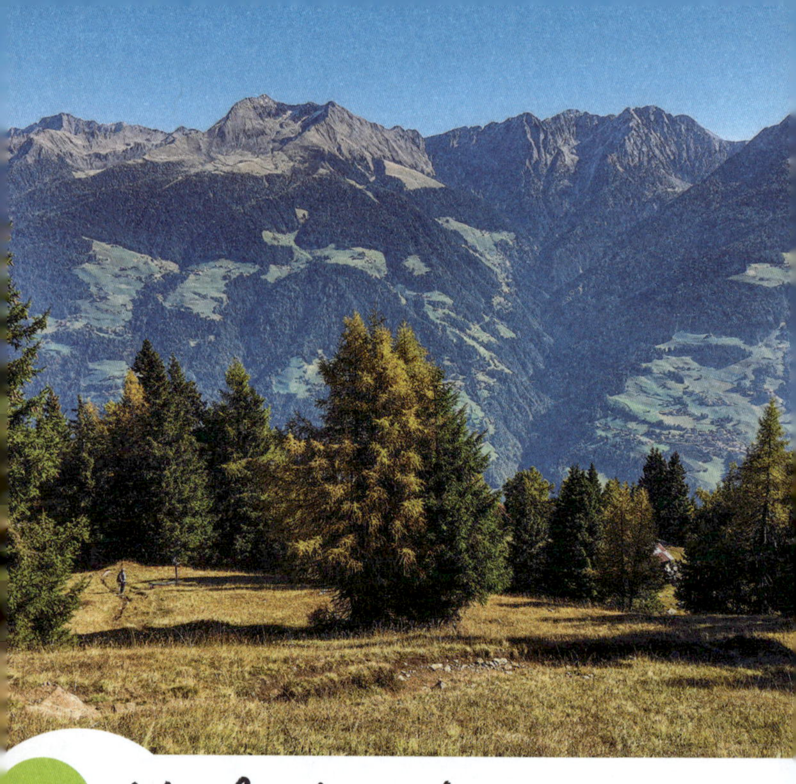

5 Hoch über dem vorderen Passeiertal

»Vom hoch gelegenen Weiler Vernuer auf den Pfitschkopf, zum Obisellsee und zurück über die Untere Obisellalm«

Bushaltestelle in Vernuer (1388 m)

Bushaltestelle in Vernuer (1388 m)

10,1 km

4:45 h

855 m

855 m

schwer

Mit dem Linienbus 240 ins Passeiertal bis zur Abzweigung Vernuer

Ab der Abzweigung Vernuer (Bushaltestelle) fährt der Linienbus 224 von Ende März bis Anfang November nach Vernuer.

Bereits die Fahrt an den steilen Hängen entlang hinauf nach Vernuer ist ein Erlebnis. Voller Bewunderung für die Bauern, welche hier ihre Höfe bearbeiten, erreicht man den Ausgangspunkt. Der Weg ist recht abwechslungsreich: Zu Beginn durch Wiesenlandschaft spazierend taucht man schließlich in einen Fichtenwald ein, der in einen lichten Lärchenwald übergeht. Dann erreicht man freies Gelände und die Aussicht wird grandios. Immer wieder hält man inne, auch wegen des steilen Aufstiegs, und bewundert das Panorama. Der Lustige-Kameraden-Steig ist trotz seines flachen Verlaufes nicht nur ein Spazierweg, aber landschaftlich sehr schön. Eine Überraschung ist auch die Umgebung rund um die Obisellalm: Bächlein mäandern durch die flache Weidelandschaft dahin und der See strahlt eine herrliche Ruhe aus. Aber damit nicht genug: Man kann auch noch einkehren.

Aussichtsreicher Aufstieg Richtung Pfitschkopf

Der Abstiegsweg ist zwar nicht unbedingt knieschonend, aber landschaftlich ebenso schön. Am Saltauser Bach entlang und dann weiter durch felsige Landschaft, aber stets auf einem nett angelegten Weg, wandert man wieder Richtung Ausgangspunkt.

Wegbeschreibung: Von der Bushaltestelle (1388 m) kurz zu den Höfen von Vernuer hinüber- und beim Parkplatz auf Weg 21A rechts hinaufwandern (Hahnenkamm, Obisellalm). Der Weg dreht bald nach Nordwesten ab und führt etwas später in den Wald hinein. Stets auf Weg 21A bleibend erreicht man Weg 21. Auf diesem geht es nun rechts in freiem Gelände steil bergauf zur Hahnenkammhütte (1804). Von dort marschiert man auf dem Steig 5A weiter aufwärts zum aussichtsreichen Pfitschkopf (2120 m) mit seinem Wetterkreuz. Weiterhin auf Weg 5A (oder Lustiger-Kameraden-Steig) – der ab und zu etwas ausgesetzt ist, aber mehr oder weniger flach dahinwandernd – gelangt man zur Almfläche mit der Obisellalm (2160 m) und dem gleichnamigen See. Der Rückweg verläuft zu Beginn auf dem Anstiegsweg, aber bald zweigt Weg 5 links ab. Er leitet zur Unteren Obisellalm (2002 m) und dann am Ursprung des Saltauser Tales hinab. Er wird zusehends flacher und durch Wald und schließlich Wiesenlandschaft kehrt man zum Ausgangspunkt zurück.

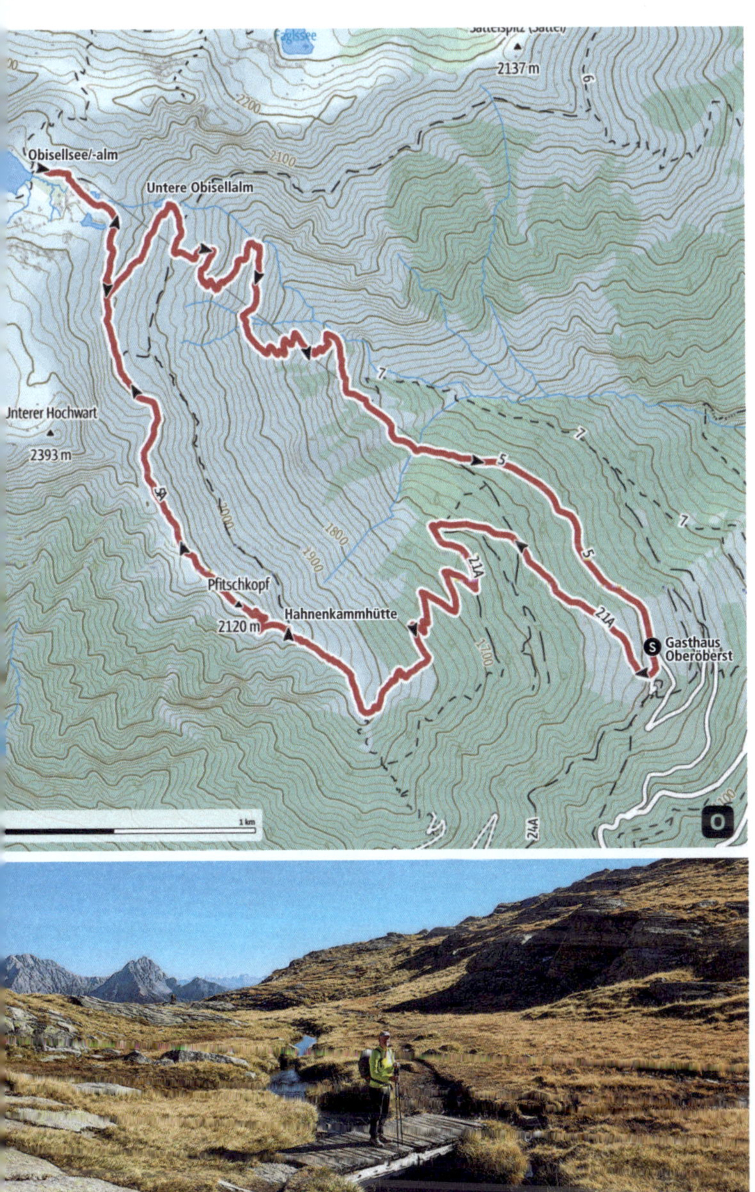

Der Abstieg erfolgt über die Almböden der Obisellalm

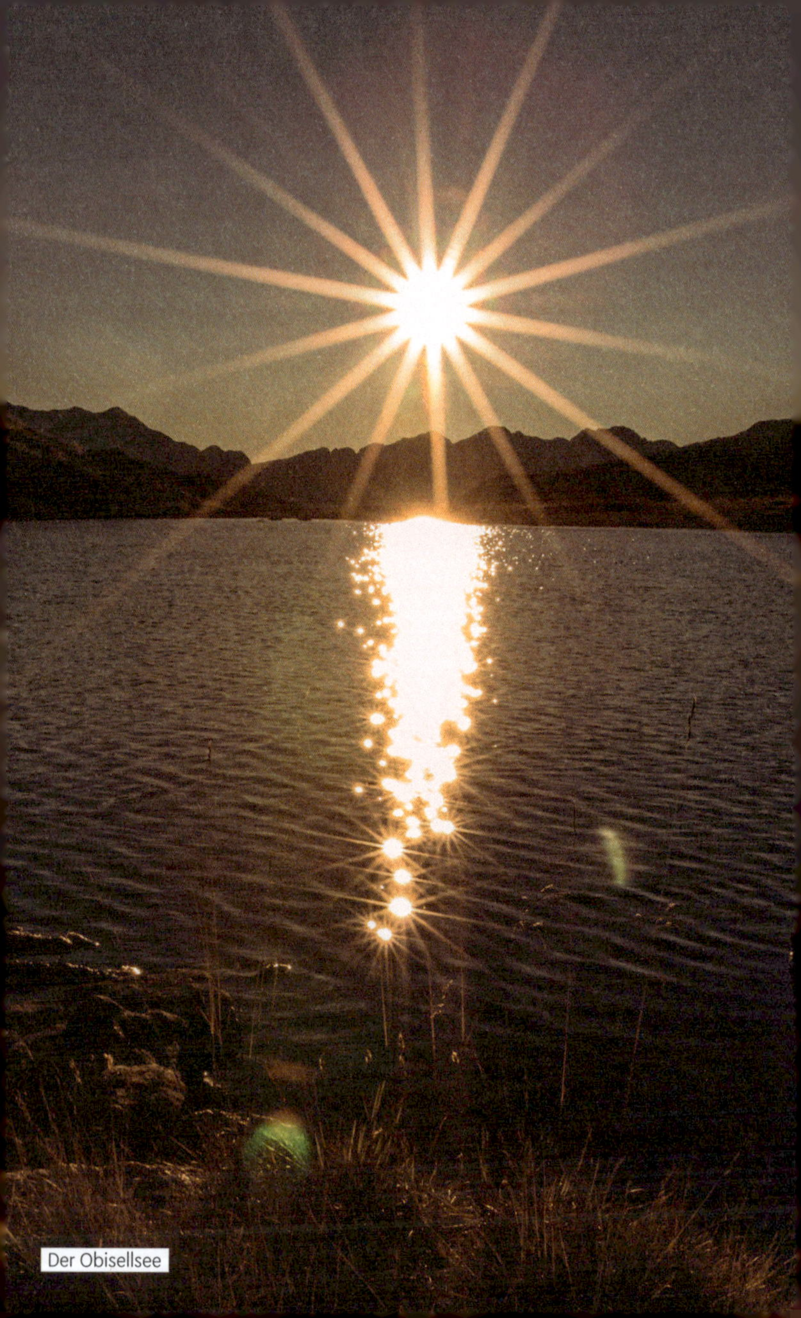

Der Obisellsee

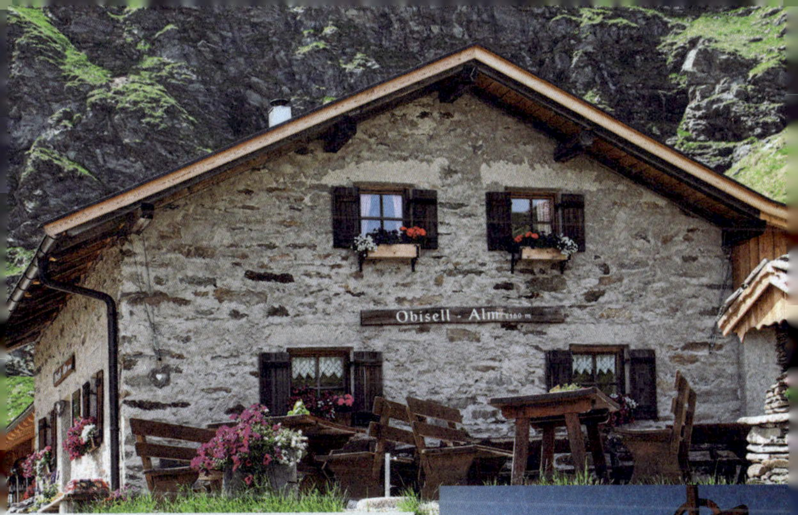

OBISELL-ALM

Malerisch umgeben von steilen Berghängen liegt unsere kleine bewirtschaftete Alm.

Es erwartet Sie eine traditionelle Südtiroler Küche. Wir servieren Ihnen hausgemachte Gerichte und Säfte von unseren hofeigenen Produkten. Die frisch gewonnene Rohmilch von unseren Grauvieh-Kühen wird zu verschiedenen Almkäsesorten veredelt und kann als Stück „Obisellalm" mit nach Hause genommen werden.

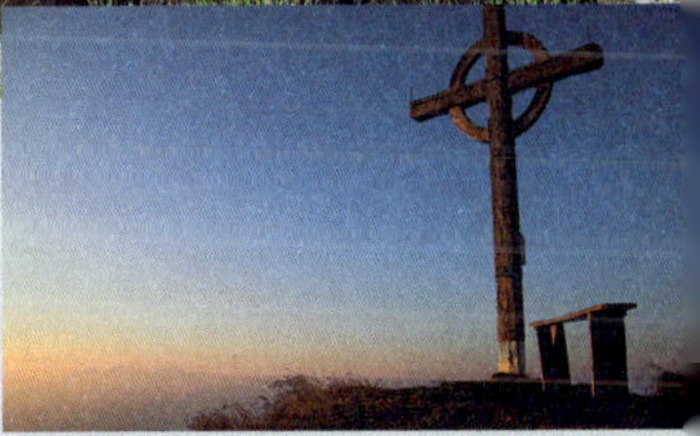

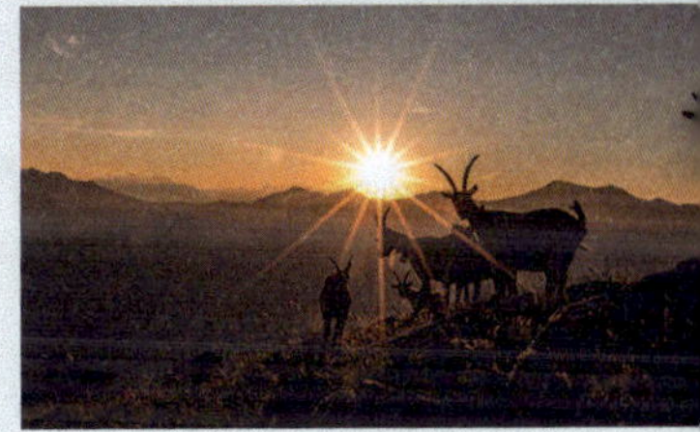

Obisell-Alm, 2160 m
Fam. Schaffler
I-39010 Vernuer-Riffian

T +39 347 1341721
erichschaffler87@gmail.com

Öffnungszeiten
von Mitte Juni bis Mitte Oktober
Kein Ruhetag

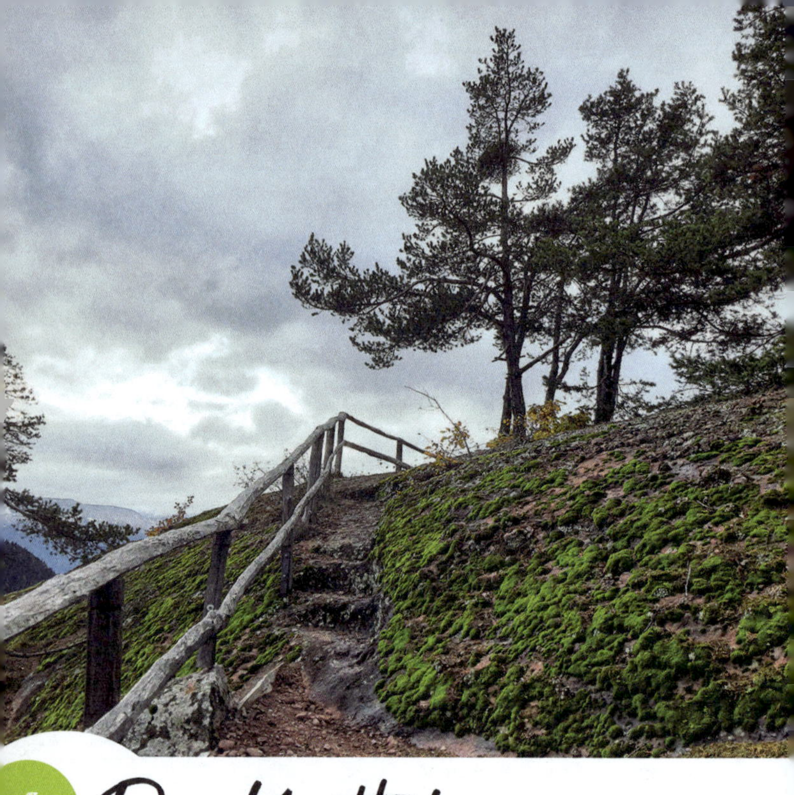

6 Das Knottnkino am Tschögglberg

„Von der Bergstation der Möltner Seilbahn nach Mölten, zum Kirchlein St. Ulrich, weiter zum Timpfler Knott und zur Bergstation der Seilbahn in Vöran“

S Bergstation der Möltner Seilbahn (1026 m)

Z Bergstation der Vöraner Seilbahn (1179 m)

10 km

3:30 h

550 m

400 m

mittel

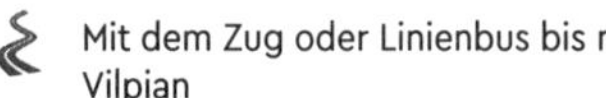

Mit dem Zug oder Linienbus bis nach Vilpian

Vom Bahnhof (in einer guten Viertelstunde) oder von der Bushaltestelle in Vilpian (in 5 Minuten) zur Talstation der Möltner Seilbahn.
Von der Talstation der Vöraner Seilbahn geht man hinab auf die Landesstraße 165. Dort ist eine Bushaltestelle.

Bereits während der Auffahrt mit der Seilbahn von Vilpian bis an den Rand der senkrecht abfallenden Porphyrwand öffnet sich ein fabelhafter Blick auf das Etschtal und die gegenüberliegende Talseite. Als nächstes fasziniert der Erlebnisweg nach Mölten, auf dem man sogar einem Riesen begegnet, der als Spielgerät dient. Zudem erfährt man mittels einer Schautafel über die Sage der drei Riesen. Auch dem Reiz des St.-Ulrich-Kirchleins auf dem gleichnamigen Bühel in Schlaneid kann sich niemand entziehen. Ein weiterer besonderer Platz auf dieser Route ist der Timpfler Knott. „Knottn" ist die Südtiroler Bezeichnung für „Felsen". Drei Felsnasen zeigen sich in dieser Gegend: Der Beimstein-, Timpfler- und Rotsteinknott. Letzterer ist als „Knottnkino" allseits bekannt, vor einigen Jahren wurden alle Felsnasen durch den Weg des „Knottnkino^3" verbunden und mit Kunstinstallationen versehen.

Aufstieg Richtung Timpfler Knott

Wegbeschreibung: Von der Bergstation (1015 m) am Gasthof Etschblick vorbei und dann dem Weg 1 mit der Beschilderung „Köfele" linkshaltend folgen. Sobald man die Straße nach Schlaneid erreicht, diese überqueren und sich von der Beschilderung „Rundweg St. Ulrich" weiterführen lassen. Der Weg führt durch eine Wiese steil hinauf, dann kurz an der Straße entlang und schließlich links hinauf zum St.-Ulrich-Kirchlein (1304 m). Man wandert in der gleichen Richtung weiter, durchquert eine Wiese und wendet sich anschließend nach rechts auf Weg 15 (Rundweg St. Ulrich). An einem Speicherbecken vorbei gelangt man wieder auf die Straße. Bei der Bushaltestelle führt Weg 13 links hinab und man spaziert auf diesem bis zum Bacherhof und zur Brücke über den Aschlerbach. Hier leitet die Beschilderung „Timpfler Knott" rechts hinauf und man spaziert für eine Weile auf Asphalt weiter. Vor dem Eggerhof rechts hinauf und über den felsigen Wanderweg zu einem ersten Aussichtspunkt und der Beschilderung folgend weiter zum Timpfler Knott (1220 m). Von dort kann man dann in nördliche Richtung weitergehen nach Vöran. Sobald man auf die Straße gelangt, auf dem Gehsteig bis ins Dorfzentrum und weiter zur Bergstation der Seilbahn (1179 m) marschieren.

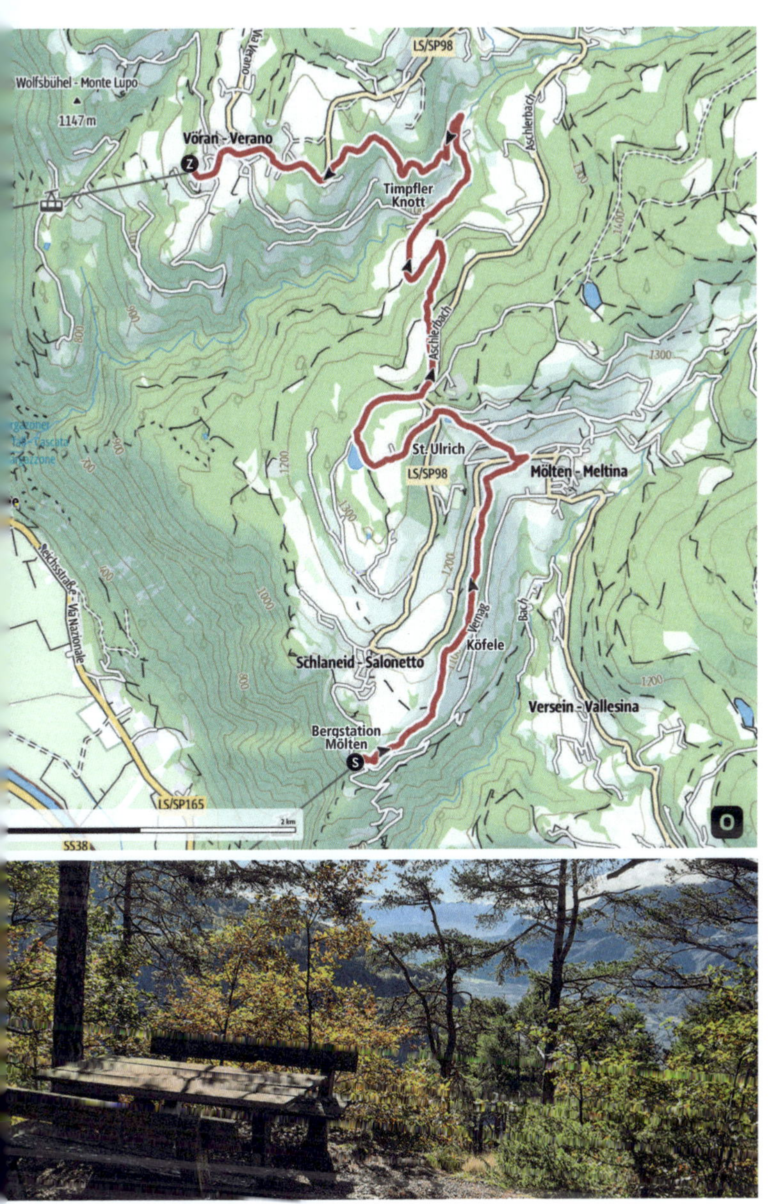

Gemütlicher Rastplatz auf dem Erlebnisweg „Köfele"

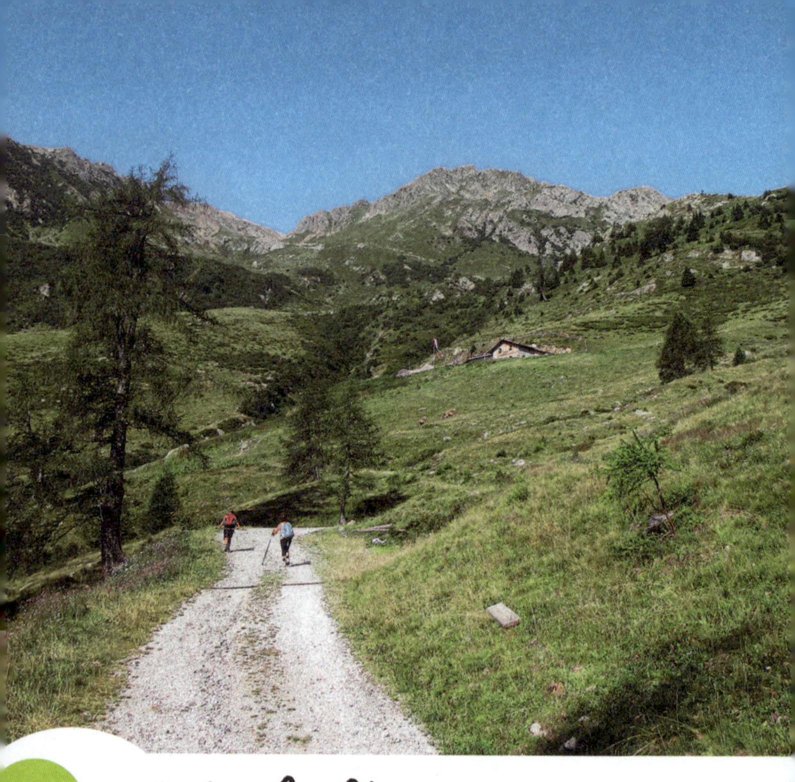

7

Unterhalb der Maddalene

"Vom Hofmahdjoch zur Clozner und Rawaueralm, über den Bonacossasteig zum Samer Joch und Samer See und über die Stierbergalm nach Proveis"

Bushaltestelle am Hofmahdjoch (1676 m)

Bushaltestelle Proveis (1347 m)

13,1 km

5:00 h

620 m

949 m

mittel

Vom Busbahnhof Lana mit dem Linienbus 245 ins Ultental bis zur Haltestelle Pumbach

Von der Haltestelle Pumbach, direkt an der Straße nach Proveis, fährt der Linienbus 244 auf das Hofmahdjoch und nach Proveis.

Diese Tour am Deutschnonsberg, nahe an der Provinzgrenze zum Trentino, ist wie eine Perlenkette, wo sich eine Attraktion an die andere reiht. Zu Beginn erlebt man die ersten Stationen des Themenweges „Grenzkultur-Kulturgrenze". Es wird auf das Leben auf den (italienischen) Almen hingewiesen, diese erreicht man bald und kann einkehren. Die langgezogenen, großen Ställe sind typisch für die italienische Almwirtschaft. Man wandert auch auf dem unschwierigen, 50 km langen Aldo-Bonacossa-Steig, welcher am Gampenpass seinen Anfang hat und bis Rabbi weiterführt. Er verbindet also unter anderem auch den Deutschnonsberg mit dem Trentiner Nonsberg. Er ist nach dem Grafen Aldo Bonacossa (1885–1975) benannt, einem begeisterten Bergsteiger sowie Autor verschiedener Wanderführer des italienischen Alpenvereins (CAI). Zudem bietet der Steig fantastische Ausblicke weit über den

Die Stierbergalm, links dahinter das Samer Joch

Nonsberg hinaus, sogar bis zum Santa-Giustina-Stausee. Ein See zählt aber auch zum Programm dieser Tour: der idyllische Samer See bzw. nördliche Goldlahner See. Das Samer Joch wiederum ist ein Übergang ins Ultental, man sieht tief ins Einertal hinab.

Wegbeschreibung: Von der Bushaltestelle (1676 m) kurz zurückspazieren und dann links auf den Forstweg 8 abzweigen, welcher zur Clozner und zur Rawaueralm führt. Anschließend an diese Alm zweigt rechts Steig 6 ab, der über die Almweiden hinaufleitet. Er trifft auf den Bonacossa-Steig 133, auf diesem geht man links und mehr oder weniger flach dahin zur Oberen Kesselalm (1917 m). Man verbleibt auf dem aussichtsreichen Steig, umrundet den Berghang der Mandlspitze und erreicht in sanften Steigungen das Samer Joch (2180 m). Immer noch auf Weg 133 macht man noch einen Abstecher zum Samer See (auch Goldlahnsee, 2230 m) hinauf. Nun kehrt man wieder zum Samer Joch zurück und folgt der Beschilderung (Weg 19) hinab zur bewirtschafteten Stierbergalm (1854 m). Von dort steigt man zuerst auf dem Zufahrtsweg (Nr. 19) der Alm ein gutes Stück ab. Weg 19 geht dann rechts hinab und verläuft in der Nähe des Gamperbaches. Man erreicht schließlich wieder die Almstraße (Parkplatz) und auf dieser die Straße nach Proveis. Dieser entlang geht man kurz links bis zur Bushaltestelle (1347 m).

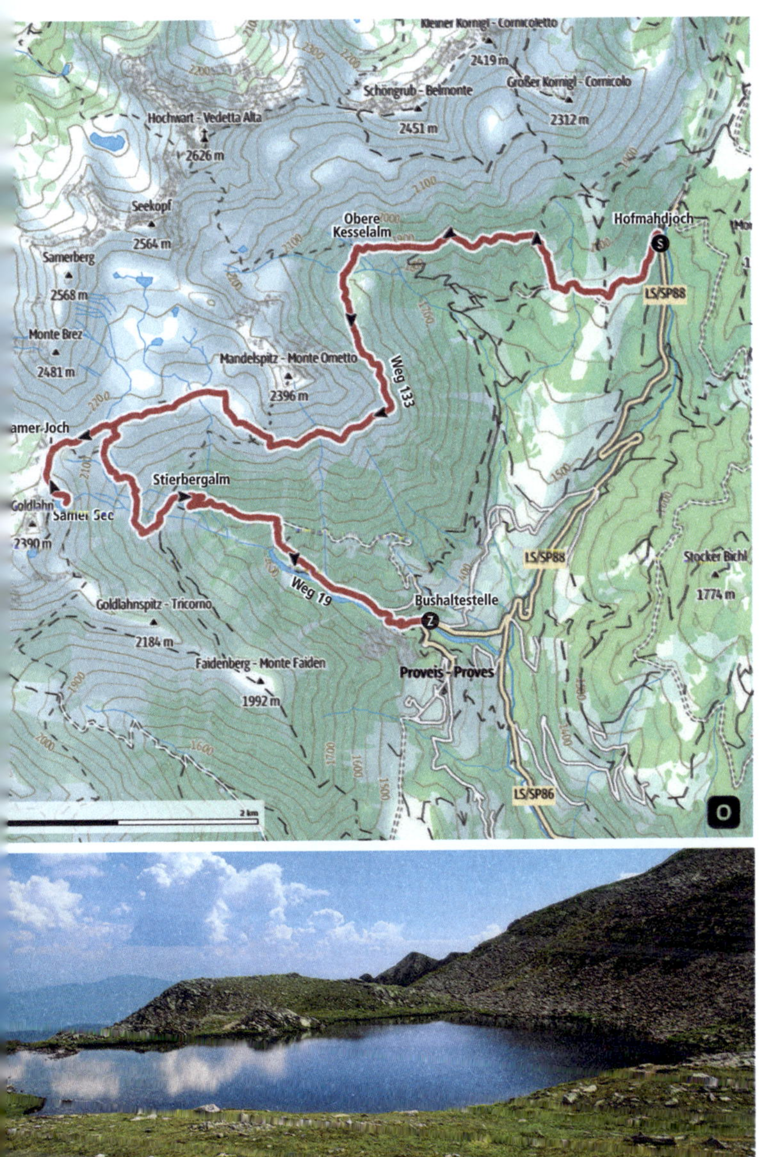

Der idyllische Samer See (auch Goldlahnsee)

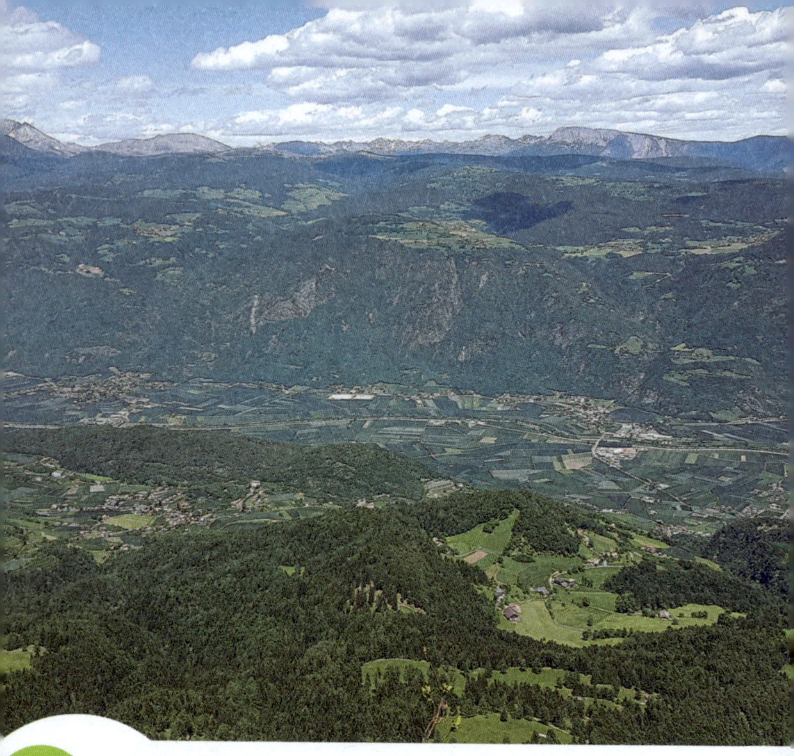

8

Seewanderung am Deutschnonsberg

Von Tret zum Felixer Weiher, weiter zum Schönegg und unterhalb des Mittagsschartls zum Gampenpass

Bushaltestelle Tret Nord (1233 m)

Bushaltestelle Gampenpass (1521 m)

11,9 km

4:10 h

580 m

293 m

leicht

Mit dem Zug oder Linienbus nach Meran und weiter mit dem Bus zum Busbahnhof Lana

Die Bushaltestelle Tret Nord und der Gampenpass sind mit dem Linienbus 246 von Meran oder Lana-Busbahnhof aus erreichbar.

Nachdem auch dieses abgelegene Südtiroler Gebiet mit öffentlichen Verkehrsmitteln erreichbar ist, sollte die Gelegenheit genutzt werden, es zu erkunden. Der Ausgangspunkt Tret liegt bereits im Trentino, kurz nach der Grenze zum Deutschnonsberg. Die Straße über den Gampenpass, über welchen man nach Unsere Liebe Frau im Walde und St. Felix (und auch zum Ausgangspunkt Tret) gelangt, wurde bereits in den 30er Jahren des letzten Jahrhunderts verwirklicht. Bedingt durch diese Lage war diese Gemeinde (genauso wie Laurein und Proveis) seit jeher ein Treffpunkt der Kulturen und eine sprachliche Grenze, hatte aber auch mit Abwanderung und wirtschaftlichen Schwierigkeiten zu kämpfen. Durch Leader-Programme wird versucht, die Wirtschaft anzukurbeln. So werden zum Beispiel die kulinarischen Löwenzahnwochen veranstaltet. Die Blume gedeiht hier

Weitblick vom Gipfel des Schönegg

besonders gut und hat gesundheitsfördernde Wirkung. Der Felixer Weiher, ein Naturbadesee und gleichzeitig geschütztes Biotop ist ein schöner Waldsee. Der Gipfel des Schönegg im Mendelzug hingegen ist ein herrlicher Aussichtsberg.

Wegbeschreibung: Von der Bushaltestelle (1233 m) kurz an der Straße weitergehen und dann rechts abzweigen auf die Straße Richtung See (Lago di Tret). Zu Beginn wandert man für rund 20 Minuten auf der Asphaltstraße und gelangt dann auf einen Wanderweg, der schließlich in eine Forstraße übergeht. Man geht links am See (1604 m) vorbei, oder nach Belieben auch rechts und hält sich dann Richtung Felixer Alm (Weg 50). Bei der nächsten Weggabel geht es rechts weiter, immer noch mit der Nummer 50. In leichter Steigung marschiert man zur Erhebung Moschen (1750 m) und dann zum aussichtsreichen Gipfel des Schönegg (1772 m) mit wunderbarem Blick über das Tisner Mittelgebirge. Nun wandert man am Zaun entlang weiter, bis der Weg kurz sehr steil abwärts führt. Die Wege teilen sich, Weg 50 wendet sich dann nach links. Auf diesem spaziert man mit kaum nennenswerten Abstiegen weiter. Unterhalb vom Mittagsschartl (1647 m) vorbei windet sich der Weg weiterhin durch schönen Wald. Zu guter Letzt steigt man ab zum Gampenpass (1521 m).

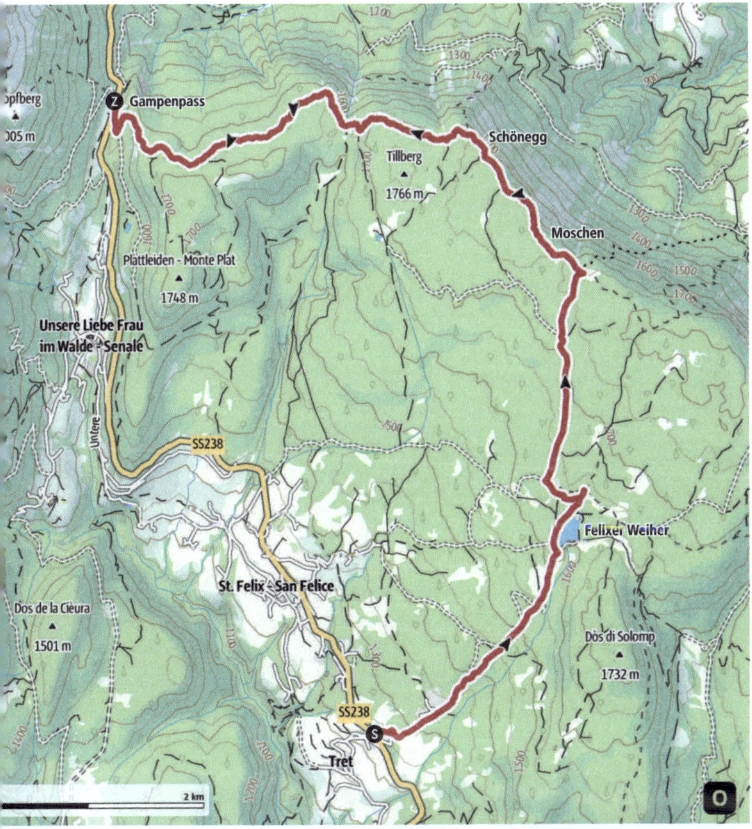

Gampenpass
Schönegg
Tillberg
1766 m
Moschen
Plattleiden - Monte Plat
1748 m
Unsere Liebe Frau im Walde - Senale
SS238
Felixer Weiher
St. Felix - San Felice
Dos de la Cieura
1501 m
Dos di Solomp
1732 m
Tret
2 km

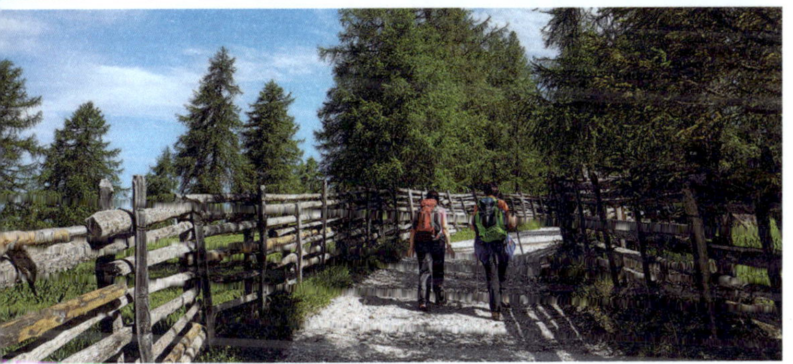

Wanderweg von Tret zum Felixer Weiher

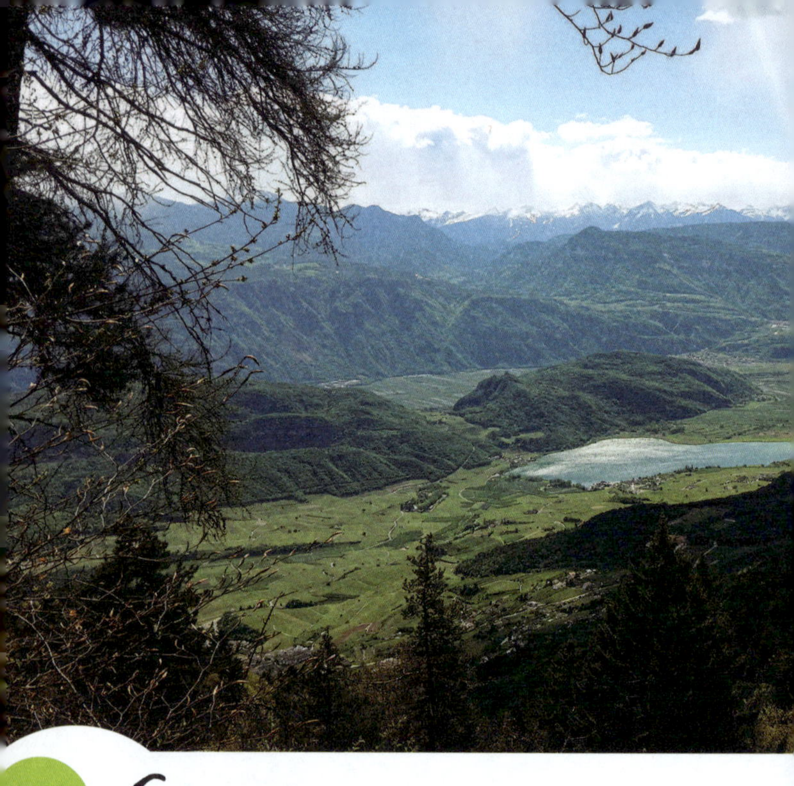

9 Grenzgängerweg am Mendelpass

„Von der Bergstation der Mendelbahn auf den Penegal, zu den „Regole" und wieder zurück"

S Bergstation der Standseilbahn auf die Mendel (1374 m)

Z Bergstation der Standseilbahn auf die Mendel (1374 m)

11,9 km

3:50 h

↑ 500 m

↓ 500 m

mittel

Mit dem Linienbus 132 von Bozen zur Talstation der Mendelbahn in St. Anton/Kaltern

In St. Anton/Kaltern geht es mit der Mendelbahn in 12 Minuten auf den Mendelpass.

Bereits die Auffahrt mit der Standseilbahn auf die Mendel ist ein Erlebnis. 1903 eröffnet und damals eine technische Meisterleistung, so war sie die steilste Standseilbahn Europas. 1983 wurde sie aufgrund von technischen Mängeln geschlossen, erneuert und 1988 wieder eröffnet. Bei einem Höhenunterschied von 854 Metern überwindet sie 2,37 km, die Talstation befindet sich in St. Anton (Kaltern).
Inzwischen ist sie ein öffentliches Verkehrsmittel. Diese Aufstiegsanlage hatte einst natürlich eine Steigerung des Ausflüglerverkehrs zur Folge. Die Mendel hatte ja bereits einen renommierten Ruf als Nobel-Luftkurort, auch Kaiserin Sissi verweilte dort. Es führte nämlich bereits seit 1887 eine Straße hinauf. Das imposante Grandhotel Penegal auf dem Mendelpass erinnert heute noch an diese touristischen Glanzzeiten, welche durch den Ersten Weltkrieg ein jähes Ende erfuhren.

Immer wieder öffnet sich der Blick zum Kalterer See.

Auf dieser Wanderung bis zum Penegal bewegt man sich meist an der Grenze zum Trentino und der restliche Weg verläuft gänzlich in der Nachbarprovinz Trient.

Wegbeschreibung: Von der Bergstation (1374 m) spaziert man Richtung Passhöhe und Mendelstraße (SS 42), auf dieser kurz nach rechts und dann geht links Weg 500 (Penegal) ab. Diesem folgt man auf schönem Steig an der Bergkante entlang bis zum Penegal. Dort befinden sich ein Hotel (1715 m) und ein gesperrter Aussichtsturm, das Gipfelkreuz findet man aber kurz vor diesen. Man geht links am Hotel vorbei und stößt danach wieder auf Wegweiser. Nun verlässt man Weg 500 und wendet sich nach links (Regole di Malosco) auf Weg 508. Man wandert, gut auf die Markierung achtend, über eine ehemalige Skipiste hinab und biegt dann rechts ab. Vorbei an der Malosco-Alm erreicht man stets auf einem teils betonierten, aber bequemen Almweg die „Regole di Malosco" (1320 m) mit den drei Einkehrmöglichkeiten. Der Weg zurück zum Ausgangspunkt (1374 m) mit der Nummer 2 zweigt bereits vorher ab. Man folgt diesem nunmehr durch schütteren Lärchen- und später Fichtenwald. Es geht ein bisschen hin und her, auf teils breiten Wegen und teils schmalen Steigen, aber die Markierung ist verlässlich vorhanden.

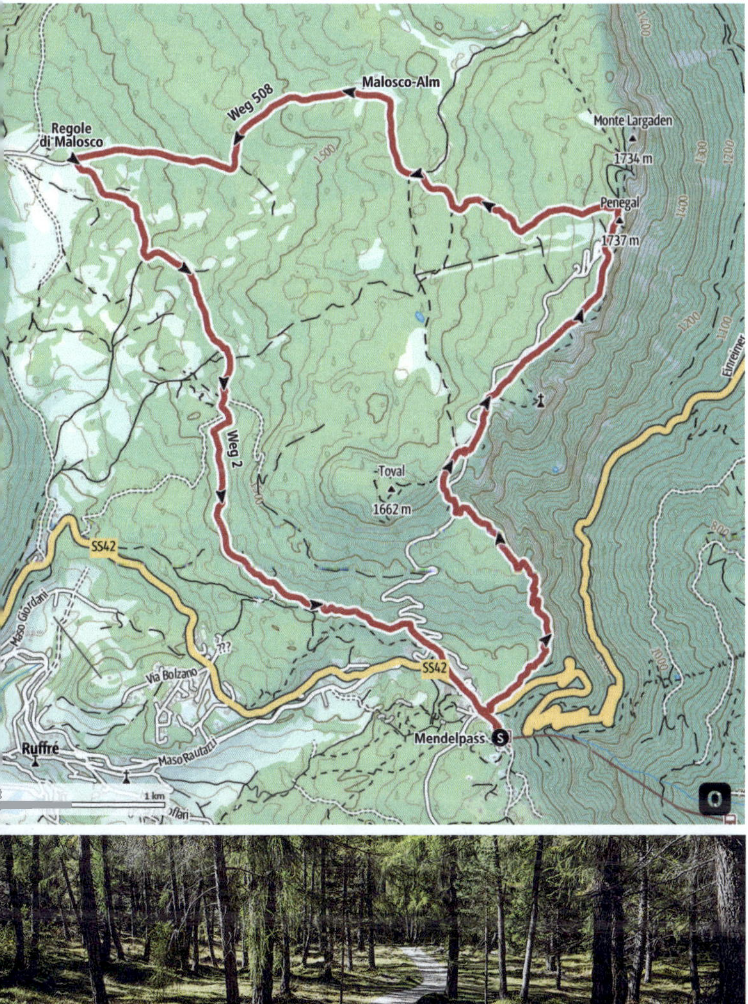

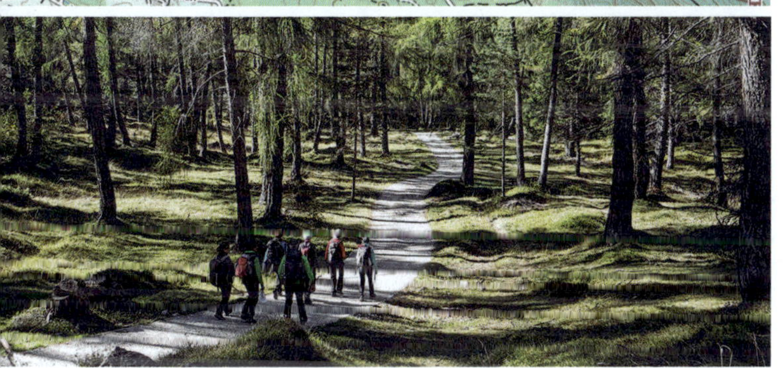

Auf dem Weg vom Penegal zu den „Regole"

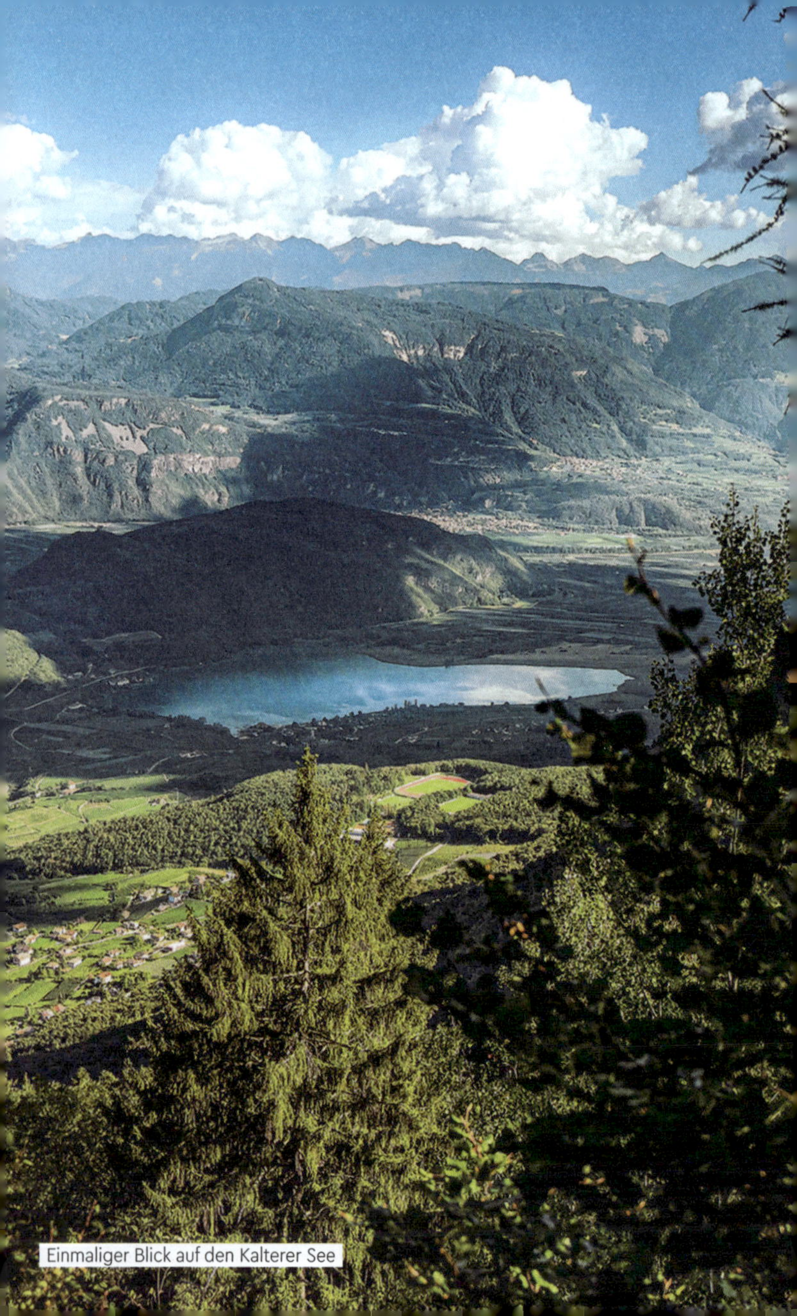

Einmaliger Blick auf den Kalterer See

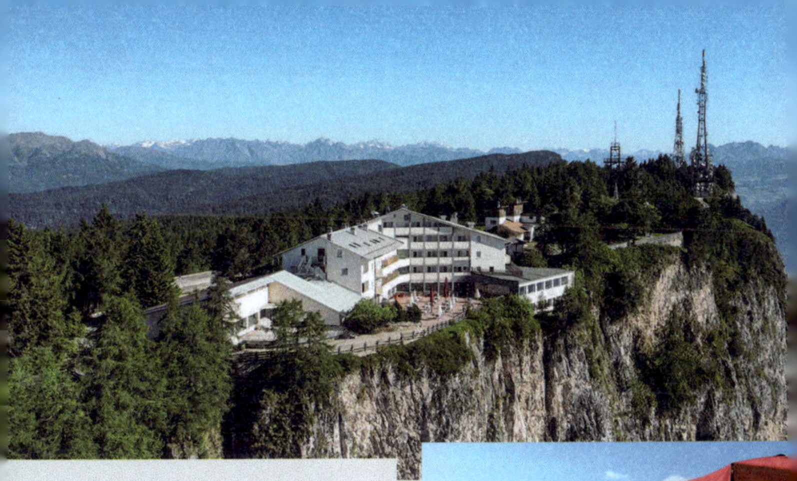

PANORAMAHOTEL PENEGAL

Am malerischen Mendelkamm liegt das PanoramaHotel Penegal. Es ist das ideale Paradies für Wanderfreunde, mit atemberaubenden Ausblicken auf Südtirol. Mit den majestätischen Brentadolomiten und Lärchenwäldern bietet es zahlreiche Routen für kurze Spaziergänge oder anspruchsvolle Touren. Unser Hotel setzt auf hausgemachte Produkte, serviert kulinarische Köstlichkeiten im Restaurant, bietet eine gemütliche Bar und erholsame Nächte in komfortablen Zimmern. Darüber hinaus erwarten Sie ein Schwimmbad, Saunen und ein Spa für vollkommene Entspannung.

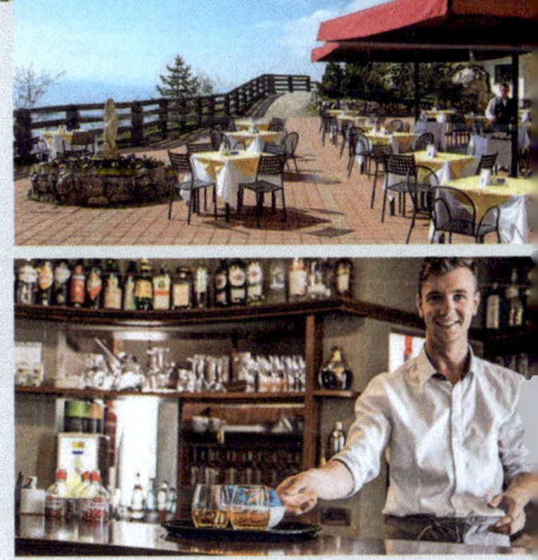

PANORAMAHOTEL
PENEGAL

Monte Penegal, 8
I-38010 Ruffrè – Mendola (TN)

T +39 0471 200769
info@penegal.it
www.penegal.it

Öffnungszeiten
von 20. April bis 3. November
kein Ruhetag

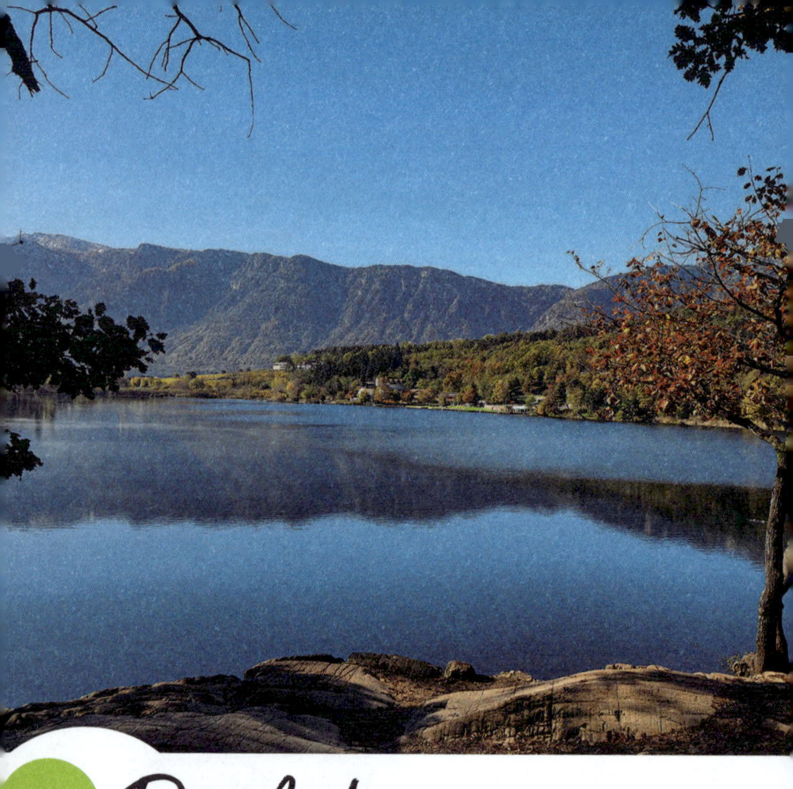

10 Durch den Montiggler Wald

Von Pfatten zum Langmoos, den Montiggler Seen sowie dem Wilden-Mann-Bühel und über Schreckbichl nach Sigmundskron

S Bushaltestelle Pfatten/Dorf (226 m)

Z Bushaltestelle unterhalb Schloss Sigmundskron (287 m)

13,5 km

4:15 h

490 m

430 m

mittel

Von Meran oder Bozen mit dem Zug zum Bahnhof Branzoll

Vom Bahnhof Branzoll kann Pfatten mit den Linienbussen erreicht werden. Von der Bushaltestelle unterhalb Schloss Sigmundskron kann man Richtung Bozen fahren.

Eine Wanderung durch den unter Naturschutz stehenden Montiggler Wald auf dem sogenannten Mitterberg, welche eine Vielzahl von Höhenpunkten zu bieten hat: Da ist zum einen das Langmoos, ein ruhiger und relativ unberührter See. Man gelangt auch zu den beiden bekannten, aber trotzdem sehr zauberhaften Montiggler Seen und dem sagenhaften Wilden-Mann-Bühel, eine aussichtsreiche Erhebung. Funde aus der Eisen- und Bronzezeit beweisen, dass hier einst eine Höhensiedlung bestanden hatte. Dort soll laut Sagen auch ein wilder Mann von riesenhafter Größe in einer Steinhütte gehaust haben, bei dem es sich vermutlich um einen Einsiedler handelte.
Nach Verlassen des Waldes spaziert man Richtung Girlan und trifft in Schreckbichl auf stattliche Weinhöfe und ausgedehnte Weinberge. Als letzte Sehenswürdigkeit erwartet einen Schloss Sigmundskron.

Herbststimmung am Großen Montiggler See

Wegbeschreibung: Von der Bushaltestelle (226 m) hält man sich Richtung Kirche. Beim Kindergarten weisen die Schilder auf den Weg zum Montiggler See. Er führt links hinauf, teils auf einem breiten Forstweg und teils über abkürzende Steige (teilweise sehr steil). Sobald man den flacheren bewaldeten Rücken erreicht, macht man bald einen Schwenk nach links zum See Langmoos (548 m), danach geht es wieder auf Weg 5 weiter Richtung Großer Montiggler See (490 m). Es geht abwärts und dann scharf nach rechts zum See, an dem man am rechten Ufer entlangspaziert bis zum anderen Ende. Dort marschiert man hinauf zum Kleinen Montiggler See (519 m) und umrundet auch diesen auf der rechten Seite. Wenn man einkehren möchte, dann muss man sich bei beiden Seen links halten. Auf breitem Forstweg 1 geht es weiter bis zur Abzweigung zum Wilden-Mann-Bühel (642 m), dort den rechten Weg nehmen, der schließlich links hinaufführt. Nach Besuch des Steinhügels kehrt man wieder zurück zu dieser Abzweigung und spaziert weiter nach Schreckbichl (465 m). Dort gelangt man am Girlaner Hof und Marklhof vorbei durch Rebenlandschaft, immer auf Weg 1 bleibend, wieder in den Wald hinein. Man erreicht auf diesem die Straße zum Schloss Sigmundskron (310 m). Nun kann man einen Abstecher zum Schloss unternehmen oder direkt hinab zur Bushaltestelle (287 m) gehen.

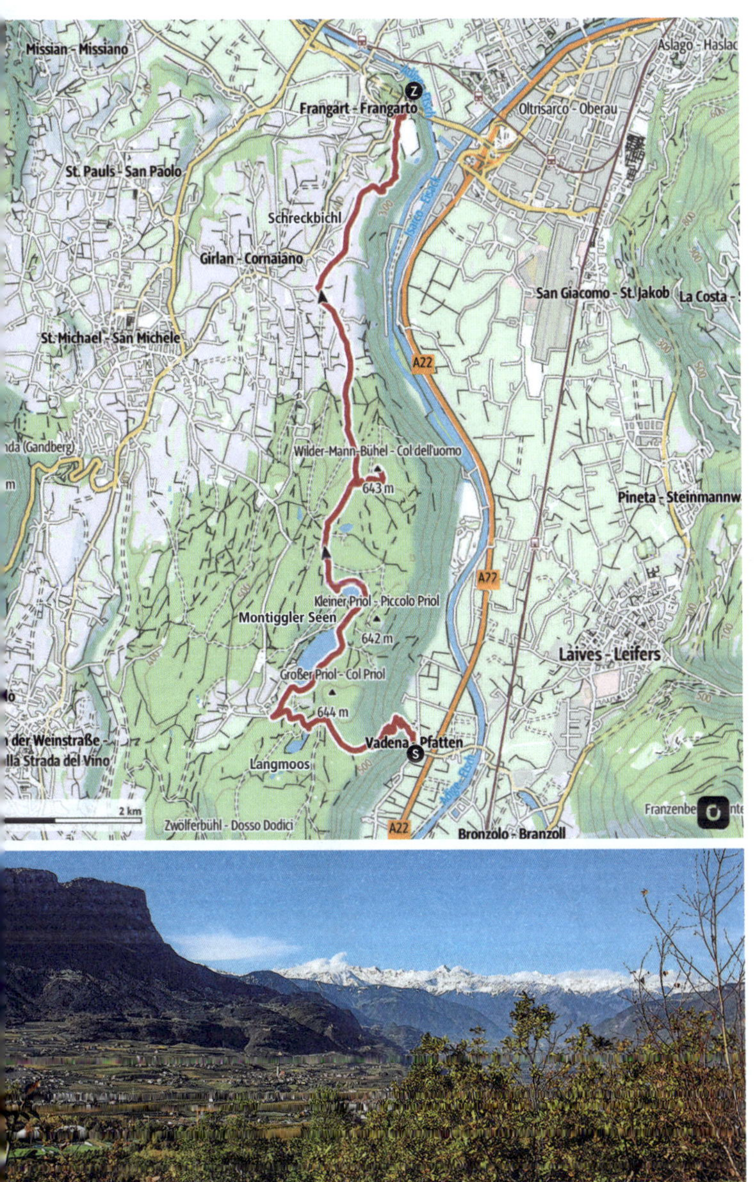

Ausblick vom Wilden-Mann-Bühel auf das Überetsch

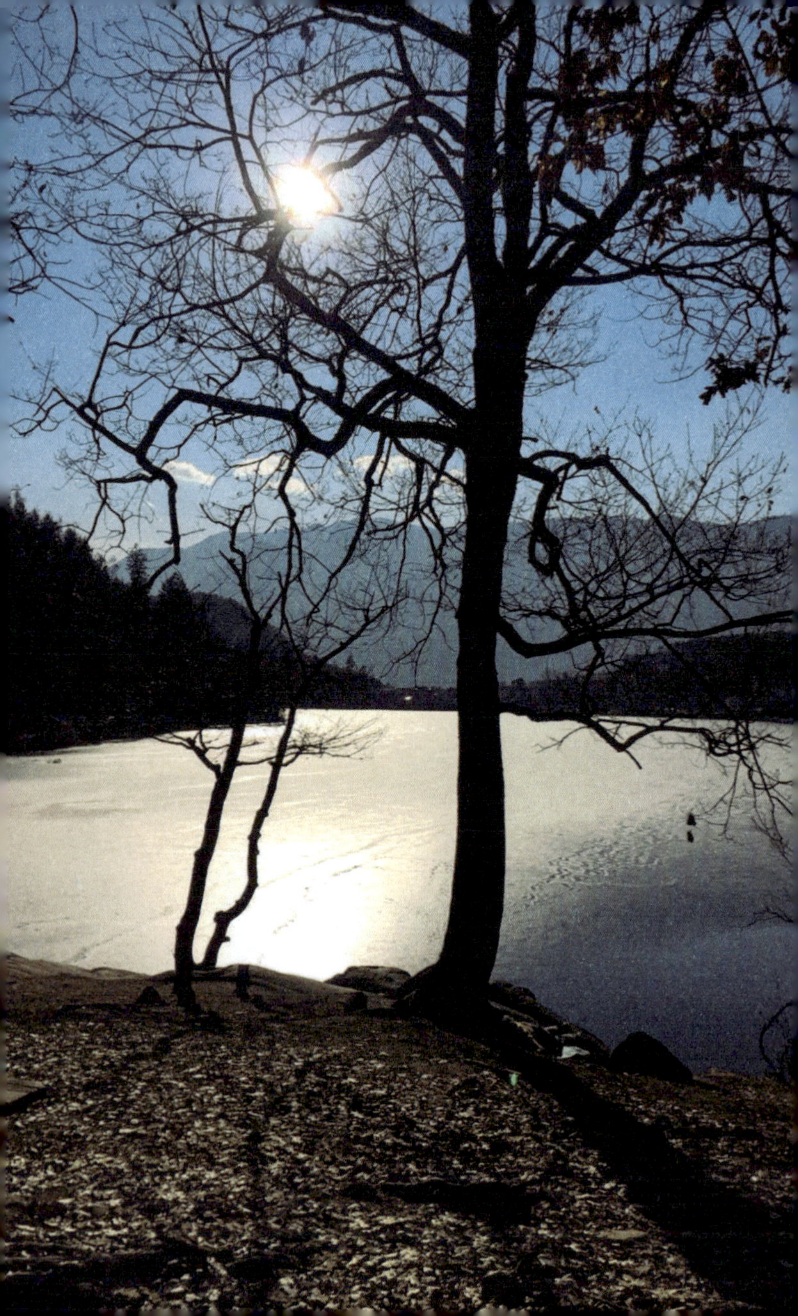

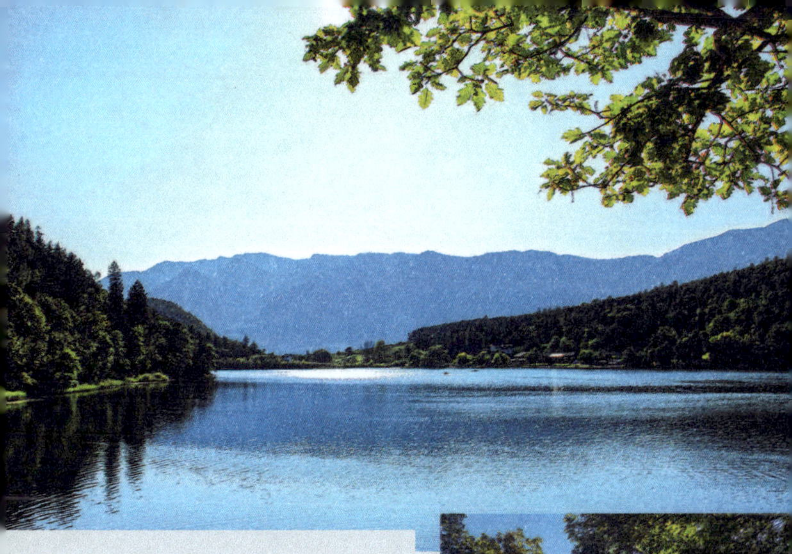

JAUSENSTATION KLEINER MONTIGGLER SEE

Die Montiggler Seen sind ein beliebtes Ausflugsziel für Groß und Klein. Erreichbar über verschiedene Radtouren, Wanderungen oder auch gemütliche Spaziergänge lädt Jausenstation Kleiner Montiggler See zu Rast und Erholung in einer malerischen Umgebung ein.
Ob frische Nudel- und Fleischgerichte oder kleinere Brettljausen: Die Jausenstation ist der ideale Ort, um euch mit Freunden und Familie ein paar ruhige Genussmomente zu gönnen.

Kleiner Montiggler See
Eppan an der Weinstraße
I-39057 Eppan (BZ)

T +39 0471 663127

Öffnungszeiten
von Ostern bis Mitte Oktober
täglich von 8.30 bis 19 Uhr
Donnerstag Ruhetag bis Ende Mai und ab Anfang September

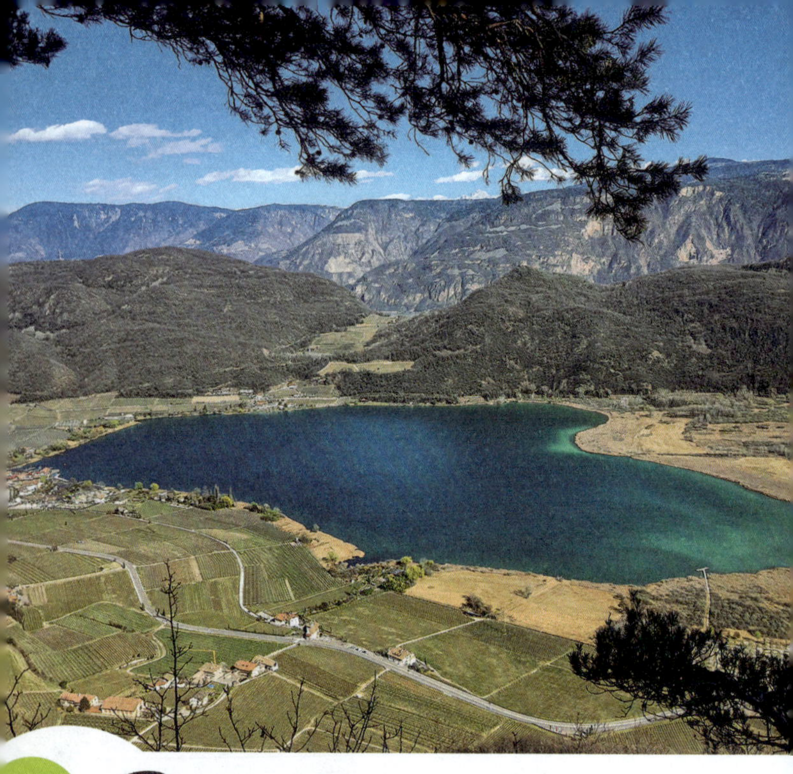

11 Panoramarunde am Kalterer See

»Von St. Josef am See über den Nussentalweg zum Kirchlein St. Peter in Altenburg und über Söll und den Seeweg zurück«

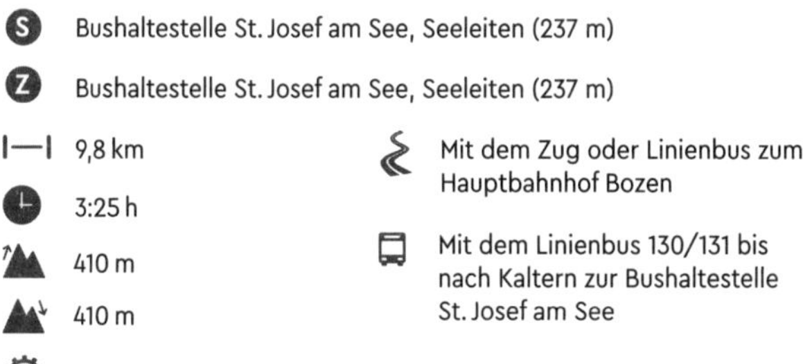

Bushaltestelle St. Josef am See, Seeleiten (237 m)

Bushaltestelle St. Josef am See, Seeleiten (237 m)

9,8 km

3:25 h

410 m

410 m

mittel

Mit dem Zug oder Linienbus zum Hauptbahnhof Bozen

Mit dem Linienbus 130/131 bis nach Kaltern zur Bushaltestelle St. Josef am See

Der Hauptdarsteller dieser Runde ist unzweifelhaft der Kalterer See, der sich immer wieder ins Blickfeld drängt. Bereits beim Aufstieg ab dem Sonnleitenhof kommt man nicht umhin, immer wieder einen Blick darauf zu riskieren. Der Nussentalweg ist die unbekanntere Variante des Weges durch die Rastenbachklamm, aber nicht weniger schön. Die Ruine der geschichtsträchtigen Peterskirche wird natürlich nicht ausgelassen und dem klassischen Aussichtspunkt in Altenburg wird ebenso ein Besuch abgestattet. Sehr schöne Aussichtspunkte und Natur erwarten einen auch am Panoramaweg. Auch der gepflasterte Römerweg und der Ort Söll mit seinen Weinbergen ist ein Erlebnis, genauso wie der informative Naturlehrpfad.

Der Panoramaweg bietet einen herrlichen Blick auf den Kalterer See.

Wegbeschreibung: Von der Bushaltestelle (237 m) wandert man kurz Richtung Süden bis zum Sonnleitenhof. Dort weisen die Schilder zum Nussentalweg (Weg 14) rechts hinauf. Zuerst folgt man der Straße, die Abzweigung zur Rastenbachklamm lässt man rechts liegen und wandert schließlich am Rastenbach entlang, bis sich der Weg nach links dreht. Auf einem netten Wanderweg, der felsiger und steiler wird, erreicht man die Abzweigung zur Kirchenruine St. Peter (589 m). Dem Weg dorthin folgen. Nach der Besichtigung der wahrscheinlich ältesten Kirche Tirols spaziert man weiter, überquert die Friedensbrücke und hält sich dann links hinauf zum Aussichtspunkt in Altenburg (615 m). Danach geht man hinüber zur Kirche von Altenburg und weiter zur Hauptstraße, auf der man sich nach links wendet. An der Straße entlang kommt man zur Feuerwehrhalle. Dort folgt man der Beschilderung zu Weg 7, dem Panoramaweg „Auf der Warth". Man spaziert an der Abzweigung zum Nussentalweg vorbei und kommt zu verschiedenen Aussichtspunkten. Über den sogenannten Römerweg geht es dann hinab zur Feuerwehrhalle von Söll (460 m). Vorbei an der Kirche und dem Plattenhof erreicht man den Traminer Naturlehrpfad, der schließlich am Rand von Weinbergen Richtung Kalterer See hinüberleitet. Sobald man auf die Weinstraße gelangt, folgt man dem Seerundweg oberhalb des Sees in nördliche Richtung zum Ausgangspunkt (237 m) zurück.

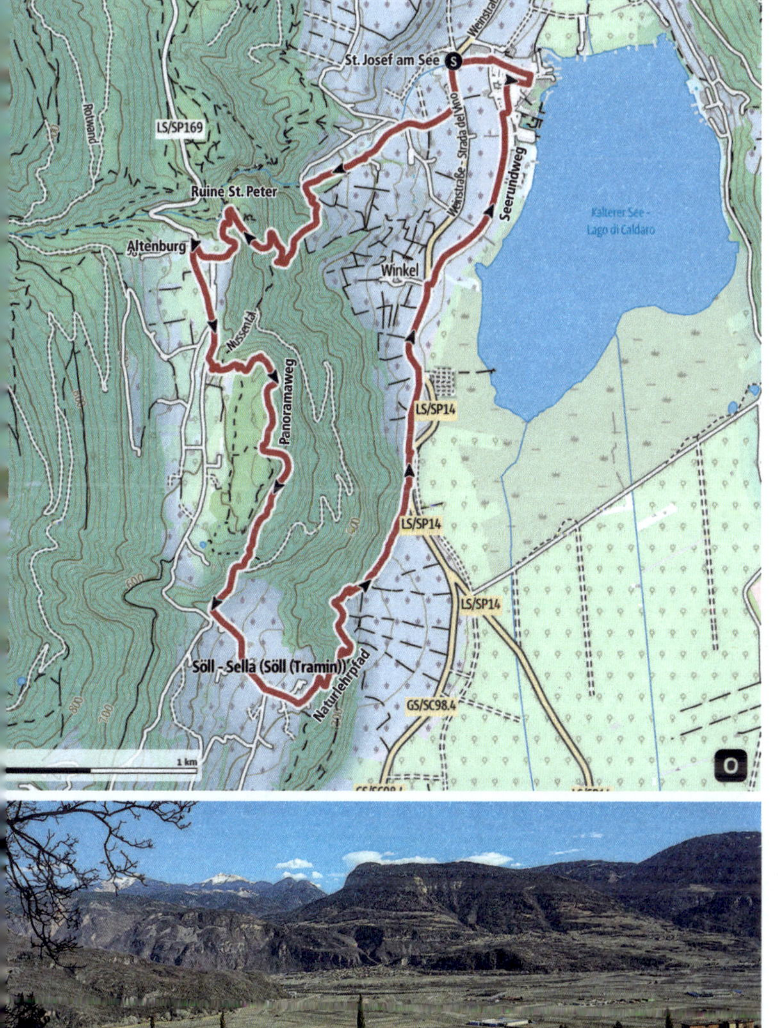

Aussichtsreicher Blick auf Montan und Auer

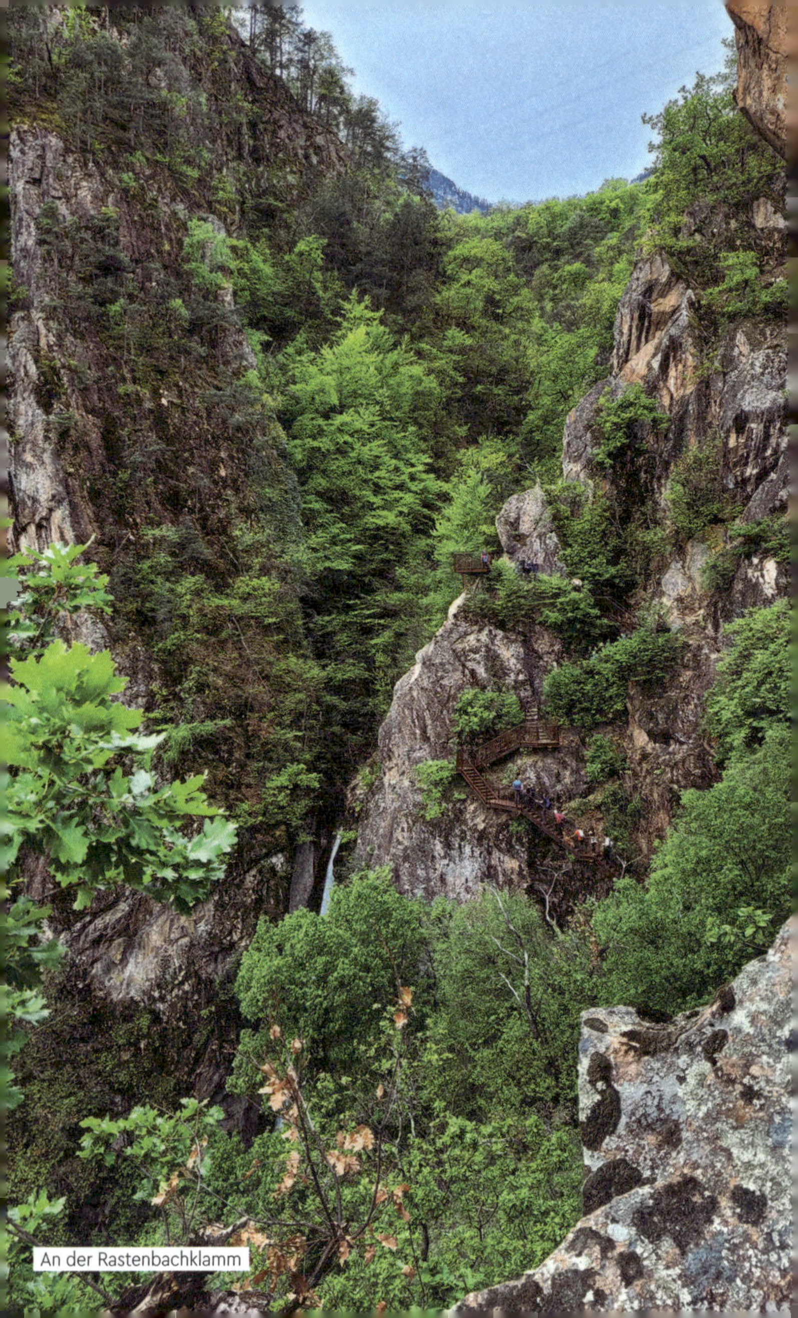
An der Rastenbachklamm

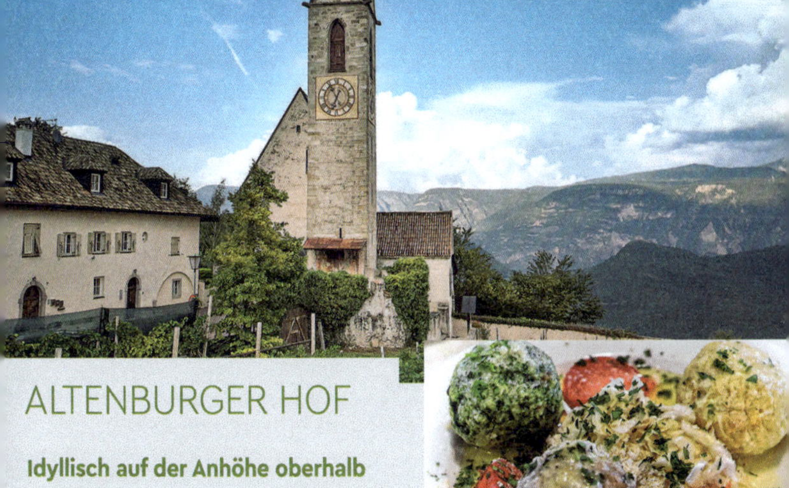

ALTENBURGER HOF

Idyllisch auf der Anhöhe oberhalb des Kalterer Sees gelegen, lädt das heimelige Restaurant & Pizzeria Altenburger Hof zur Einkehr ein. Ob nach einer erlebnisreichen Fahrradtour oder einer ausgedehnten Wanderung am wildromantischen Rundweg Rastenbachklamm bietet der Gastronomiebetrieb nicht nur eine willkommene Rastmöglichkeit für Freizeit-Aktive, sondern ist auch mit dem Auto bestens erreichbar.
Hier wird der Gast verwöhnt mit regionalen und traditionellen Südtiroler Spezialitäten sowie hausgemachten Leckereien.
Abends wird die Speisekarte mit verschiedenen Pizza-Variationen frisch aus dem Holzofen erweitert.

Altenburger Hof
Familie Holfeld
Altenburg, 37
I-39052 Kaltern (BZ)

T +39 0471 964143
Altenburgerhof37@gmail.com
www.altenburgerhof.com

Öffnungszeiten
Mittwoch bis Montag 10–23 Uhr
Dienstag Ruhetag

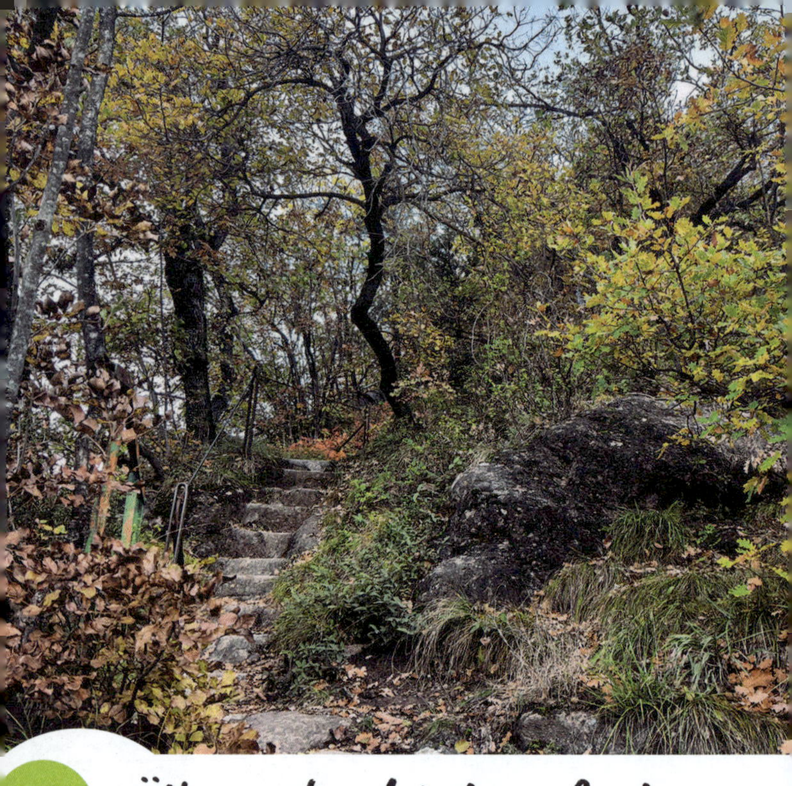

12 Über die Katzenleiter im Unterland

"Von Auer über die Katzenleiter zum Aussichtspunkt Rotwand, zum Göllersee und weiter nach Aldein"

Auer, Bushaltestelle Fleimstalstraße (256 m)

Aldein, Haltestelle Schönblick (1176 m)

10,8 km

4:15 h

960 m

77 m

mittel

 Mit dem Zug oder Linienbus nach Auer

 Mit dem Linienbus 140 erreicht man vom Bahnhof Auer die Bushaltestelle Fleimstalstraße.

Eine kurzweilige Wanderung, welche mit allerhand Überraschungen aufwartet. Da ist die sogenannte Katzenleiter, welche teilweise entlang einer Druckleitung mit 540 Stufen den Felsen überwindet und immer wieder für wunderbare Ausblicke auf das Unterland oder das Danielkirchlein bei Montan sorgt. Katzenleitern sind mir in Südtirol deren drei bekannt, es bedeutet, dass eine Felsenstufe mittels einer Treppenanlage überwunden wird. Ein Höhepunkt ist natürlich der naturbelassene Göllersee mitten im Wald sowie der Aussichtspunkt Rotwand.

Wegbeschreibung: Von der Bushaltestelle (256 m) wandert man entlang der Fleimstaler Straße bergauf, biegt rechts in die Erholungszone Schwarzenbach ab und spaziert dort links an der Mauer hinauf bis zur Brücke über den Schwarzen- oder

Die sogenannte Katzenleiter überwindet mittels Treppen die steilen Felsen.

Aurerbach. Hier beginnen sogleich die Treppen, welche teilweise entlang einer Druckleitung emporführen. Nach deren Ende geht es weiter zur Abzweigung zur einstigen Leiterburg (640 m), welche nach Belieben aufgesucht werden kann. Wieder zurück und weiter zum Karnolhof. Danach marschiert man teils auf dessen Zufahrtsstraße und teils auf Wanderwegen hinauf zur Aldeiner Straße. An der Bushaltestelle vorbei geht Weg 1 wieder in einen Wanderweg über, der aufwärts führt, dann rechts ab und schließlich abermals auf die Straße hinab. Nun muss man mit dieser vorliebnehmen, nach der Linkskurve biegt Weg bzw. Straße 1 rechts ab und man geht auf dieser weiter, bis sich links ein Wanderweg hinaufzieht. Auf diesem wandert man hinauf bis zur Abzweigung des Weges 10A, dem man nun nach links folgt, zuerst an einem Wiesenrand und dann wieder in den Wald hinein. Achtung, dort muss man sich bald rechts halten. Weg 10A führt auf die Aldeiner Straße, auf der anderen Seite geht der schöne, breite Wanderweg 17 weiter Richtung Göllersee. Man bleibt auf diesem und kann schließlich links nach Wunsch zum Aussichtspunkt Rotwand (1065 m) hinausspazieren. Wieder zurück auf den breiten Weg und in einer großen Rechtsschleife erreicht man den Göllersee (1080 m). Auf dem linken Ufer des Waldsees weiter und stets auf Weg 17 bleibend kommt man zur Aldeiner Straße und zur Bushaltestelle Schönblick (1176 m).

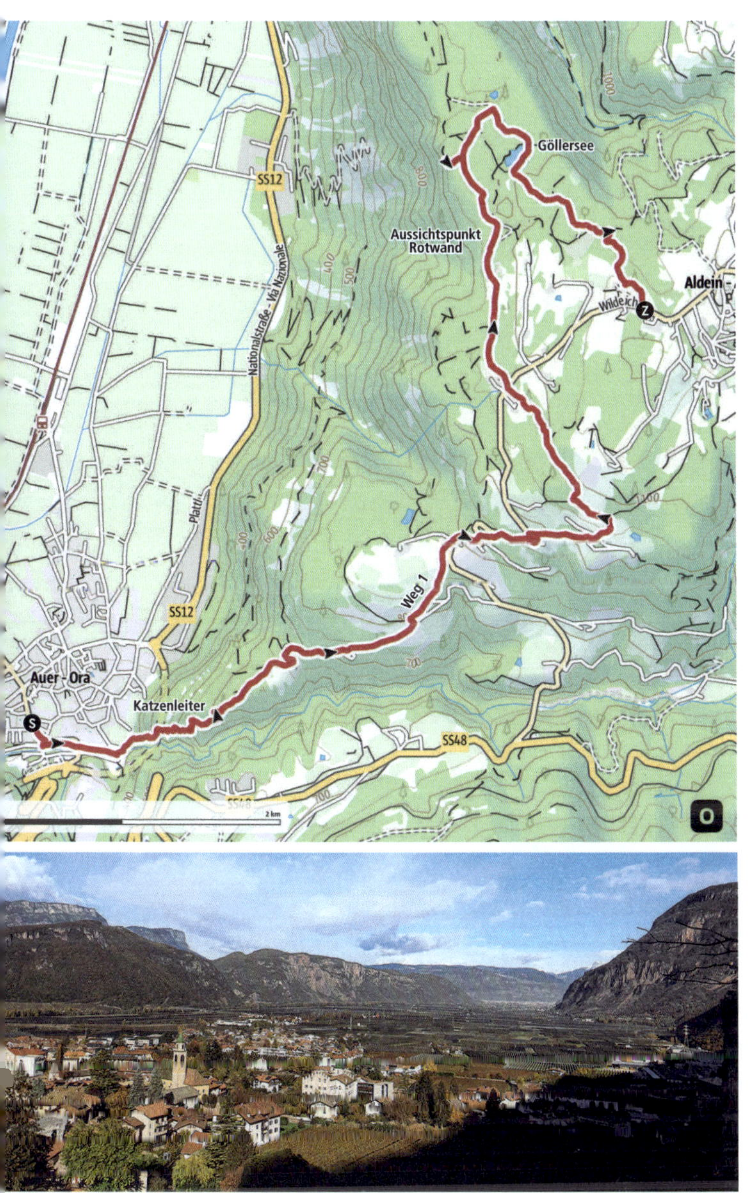

Herrlicher Blick auf Auer und das Etschtal

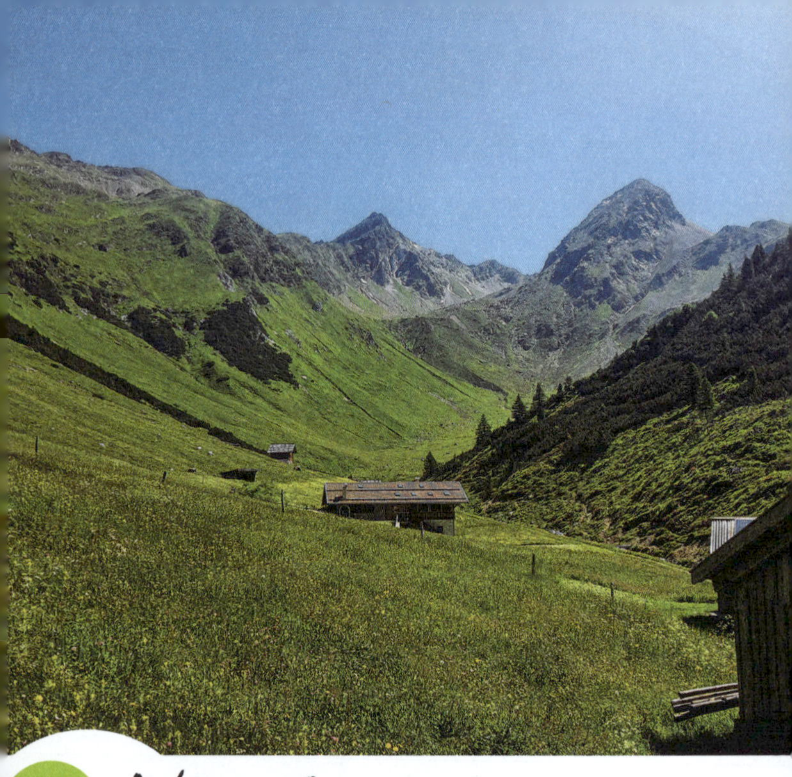

13 Vom Sarntal ins Passeiertal

»Von Weißenbach im Sarntal über das Oberbergtal zum Wanser Joch und über das Wanser Tal nach Innerwalten im Passeiertal«

S Bushaltestelle in Weißenbach (1338 m, Sarntal)

Z Bushaltestelle in Innerwalten (1416 m, Nähe Gasthof)

11,6 km

5:00 h

970 m

890 m

mittel

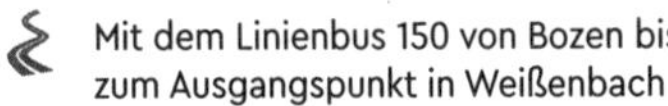

Mit dem Linienbus 150 von Bozen bis zum Ausgangspunkt in Weißenbach

Von der Bushaltestelle Innerwalten mit dem Linienbus 239 bis St. Leonhard, dort Umstieg auf den Linienbus 240 zum Bahnhof Meran

Über ein Joch von einem Tal ins andere zu wandern ist stets eine reizvolle Herausforderung und oft wurden diese Pfade bereits von den Vorfahren genutzt. So auch am Wanser Joch. Dies ist durch Funde aus der Mittelsteinzeit belegt. Heute noch führt durch das Oberberg- und dann weiter durch das Ebenbergtal ein Weitwanderweg: die Sarner Hufeisentour, eine relativ einsame, ursprüngliche Mehrtagestour durch die Sarntaler Alpen. Auf der anderen Seite des Wanser Jochs erwartet einen das schöne gleichnamige Tal. Hier trifft man auf ein Kirchlein, welches dem Brückenheiligen Johannes Nepomuk geweiht ist. An seinem Fest Ende Juni findet eine Prozession von Walten ins Wanser Tal statt und eine Figur des Heiligen Johannes wird aus dem Bach geborgen. Dies weist auf das Martyrium des Heiligen hin. Er weigerte sich, das Beichtgeheimnis zu verraten und wurde drum einst in der Moldau ertränkt.

Das Oberbergtal, ein wunderschönes Seitental des Penser Tales

Wegbeschreibung: Von der Bushaltestelle (1338 m) geht man kurz der Straße entlang, biegt nach der Brücke links ab (Weg 27, 9) und wandert auf der Zufahrtsstraße zu den Winkhöfen. Danach gehts auf einer breiten Forststraße weiter. Bei der nächsten Weggabel hält man sich rechts, Richtung Oberbergtal und verbleibt auf diesem Weg, der sich zusehends steiler bergauf zieht. Nach Verlassen des Waldes wird es dann gemächlicher. Bei den Oberberghütten (1790 m) verlässt man diesen Almweg und hält sich links hinauf (Wanser Joch, Weg 8). Den immer steiler werdenden Pfad bergauf überquert man einen Graben und dann folgt die schwierigste, mit Felsen durchsetzte Stelle. Sie ist ausgesetzt, mit Seilen versichert und bald überwunden. Nun geht es auf einem Grashang weiter hinauf zum Wanser Joch (2247 m). Von dort steigt man auf Weg 8 ab in das Tal, gelangt schließlich zur Wanser Alm (1641 m), einer Einkehrmöglichkeit, und zum Kirchlein mit dem daneben befindlichen Hof. Dazwischen hält man sich rechts. Auf dem breiten Wiesenweg 18 erreicht man, teilweise noch aufsteigend die Jaufenpass-Straße. Man kann so die Asphaltstraße umgehen, welche direkt nach Walten führt. An der Straße wendet man sich links hinab und gelangt in Kürze zur Bushaltestelle (1416 m).

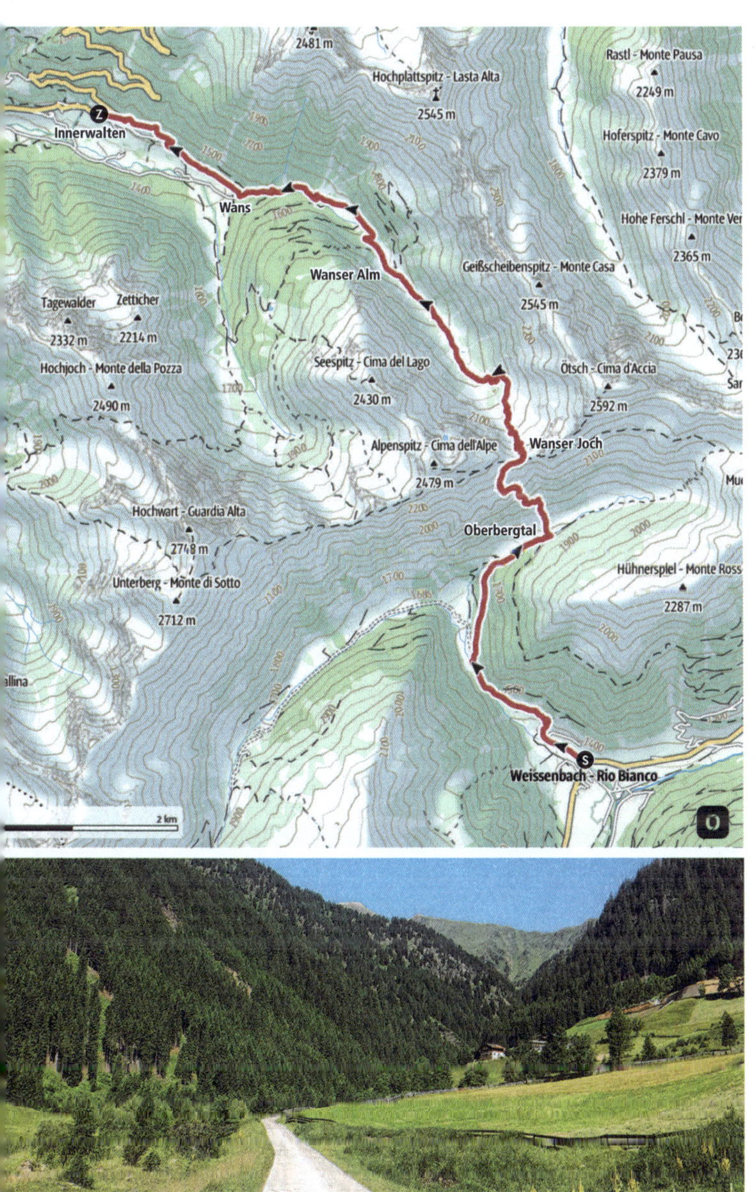

Auf dem Weg von Weißenbach Richtung Winkhöfe

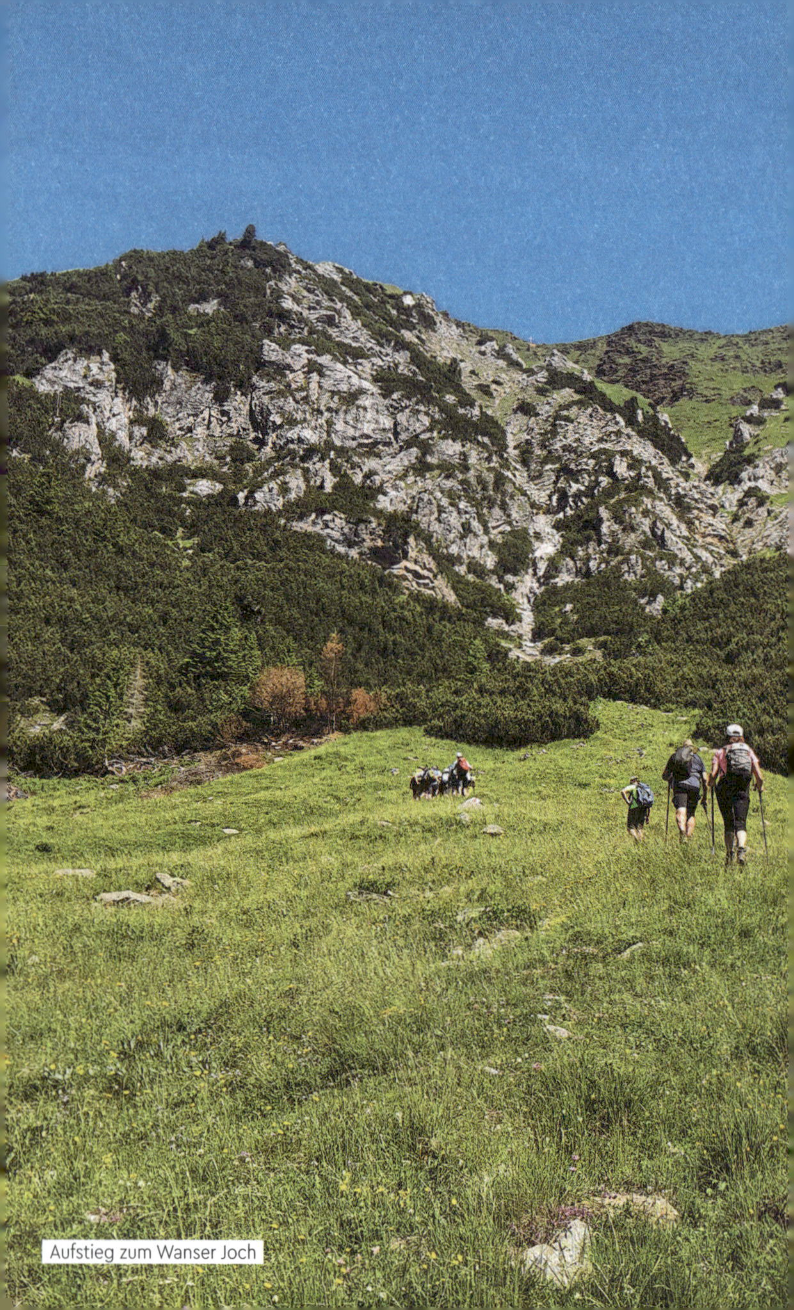

Aufstieg zum Wanser Joch

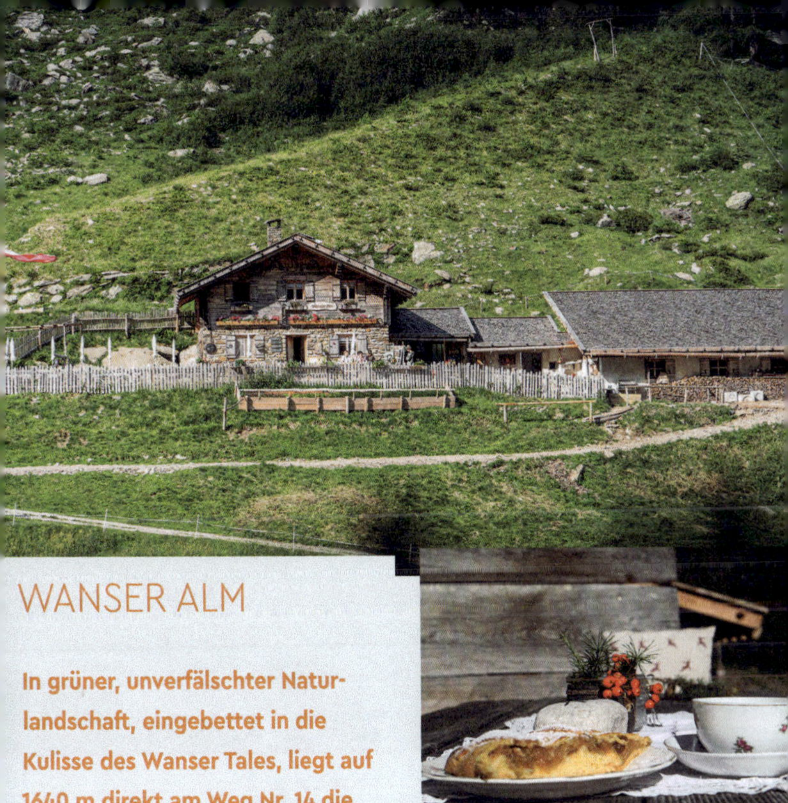

WANSER ALM

In grüner, unverfälschter Naturlandschaft, eingebettet in die Kulisse des Wanser Tales, liegt auf 1640 m direkt am Weg Nr. 14 die Wanser Alm.
Mit Rundblick auf die umliegende Bergwelt servieren wir verschiedene Passeirer Spezialitäten, wie am Wochenende Lammbraten, mittwochs Schwarzplentenen Riebl und täglich hausgemachtes Brot aus dem Holzbackofen.

Wir heißen Sie herzlich willkommen und freuen uns auf einen schönen Almsommer!

Wanser Alm
Familie De Bastiani
Walten
I-39015 St. Leonhard in Passeier

T +39 340 7012603

Öffnungszeiten
von Juni bis September
durchgehend

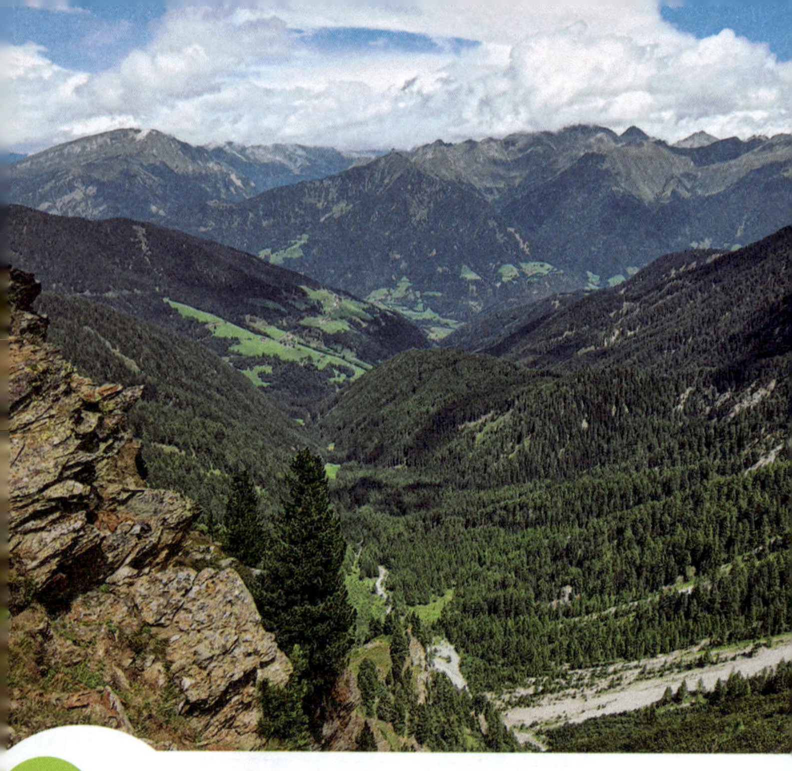

14 Leichte Gipfeltour in den Sarntaler Alpen

»Von der Penser-Joch-Alm zur Tatschspitze und zurück über den Astenberg oder den alternativen Abstieg nach Grasstein«

Bushaltestelle Penser Joch (2212 m)

Bushaltestelle Penser Joch (2212 m)

10,2 km

4:00 h

560 m

560 m

mittel

Mit dem Linienbus 150 von Bozen bis nach Sarnthein

In den Sommermonaten fährt von Sarnthein der Wanderbus 154 zum Penser Joch. Infos im Tourismusverein Sarntal

Bereits die Fahrt auf das Penser Joch muss man einmal gemacht haben, es ist ein Übergang vom Sarntal, der flächenmäßig größten Gemeinde Südtirols, ins Wipptal, dem nördlichen Eisacktal. Es ist natürlich auch ein bekanntes Ziel für Motorradfahrer, im Winter ist es gesperrt. Die Pass-Straße auf der Sarner Seite wurde zwischen 1935 und 1938 aus militärischen Gründen gebaut. Wenn man den Aufbau der Tatschspitze von der Wipptaler Seite aus betrachtet, dann ist man mächtig stolz auf sich, wenn man den Gipfel erobert hat. Die Sarner Westseite ist nämlich um einiges sanfter und stellt für geübte Gipfelstürmer kein Problem dar. Auch wenn der Name Tatschspitze vom rätoromanischen „Montatsch" abstammt, was soviel wie „wilder, schlechter Berg" bedeutet. Vermutlich weil das hier vorherrschende Granitgestein teilweise recht brüchig ist. Die Aussicht ist beeindruckend. Man wandert nämlich durch

Blick auf das Egger und Wipptal

baumfreie Gegend und auch am Gipfel wird man mit grandioser Weitsicht belohnt.

Wegbeschreibung: Vom Penser-Joch-Haus (2212 m) spaziert man kurz an der Straße entlang hinab zur Abzweigung von Weg 14A, der links zur Penser-Joch-Alm hinüberführt. Auf diesem wandert man über Almweiden und dann am steilen Rücken des Astenberges entlang, ohne größere Höhenunterschiede überwinden zu müssen, bis zu einem Rücken bzw. Grat. Dieser bereitet ebenso keine Schwierigkeiten. Ein klein wenig ausgesetzt wird es dann am Rücken des Niederecks entlang. Weg 14A dreht bald danach nach rechts ab. Es geht nun auf Weg 10 weiter und es beginnt bald der Gipfelanstieg, der Weg wird zusehends felsiger und natürlich steiler. Oben angekommen links hinüber zum Gipfelkreuz der Tatschspitze (2523 m) marschieren. Der Rückweg wird auf dem Hinweg angetreten. Als kleine Variante steigt man bei der Rückkehr zum Astenberg (2360 m) auf und wandert auf Weg 14B am Kamm entlang hinüber zum Penser-Joch-Haus. Ein weiterer interessanter, alternativer Abstieg für ausdauernde Wanderer: Vom Gipfel zurück zur Abzweigung von Weg 14A, auf diesem hinab zum Seebergsee, Puntleider Joch (nochmals kurzer Anstieg), Puntleider See und der Seealm und ab da auf Weg 14 hinab bis Grasstein (6,5 Std. Gehzeit und insgesamt rund 1700 Hm Abstieg).

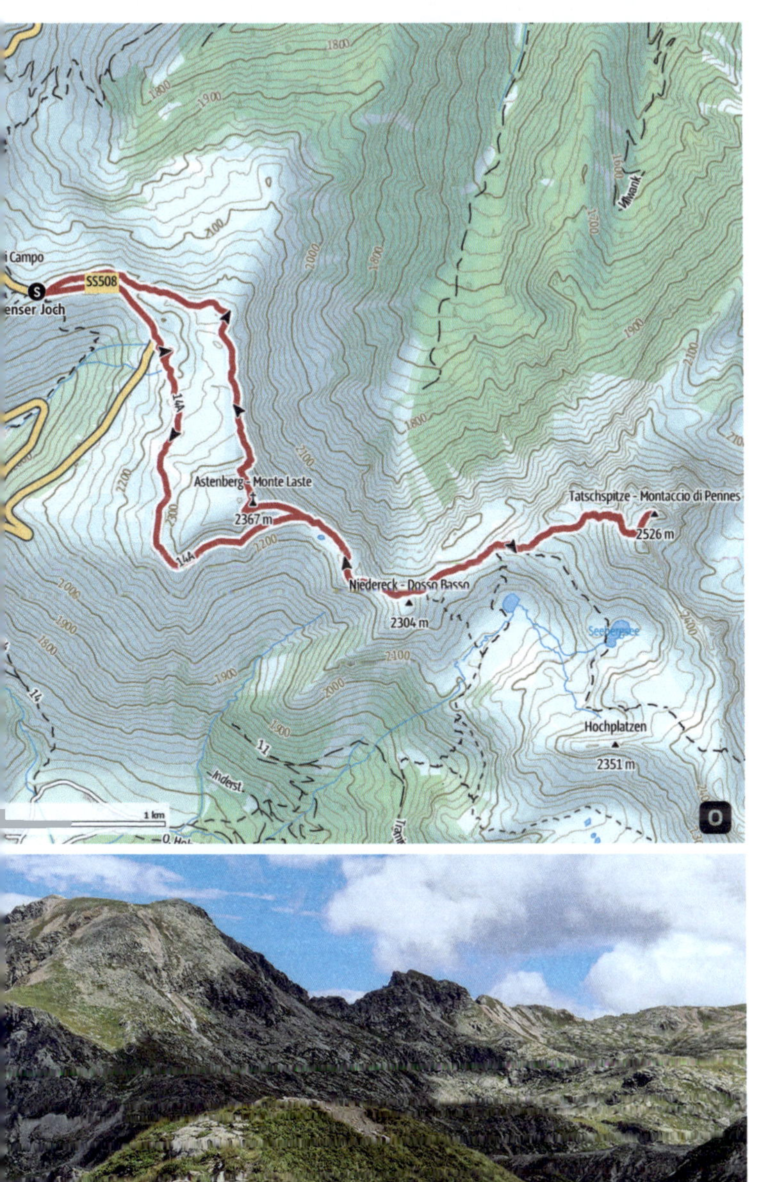

Schöner Blick auf die Tatschspitze während des Abstieges

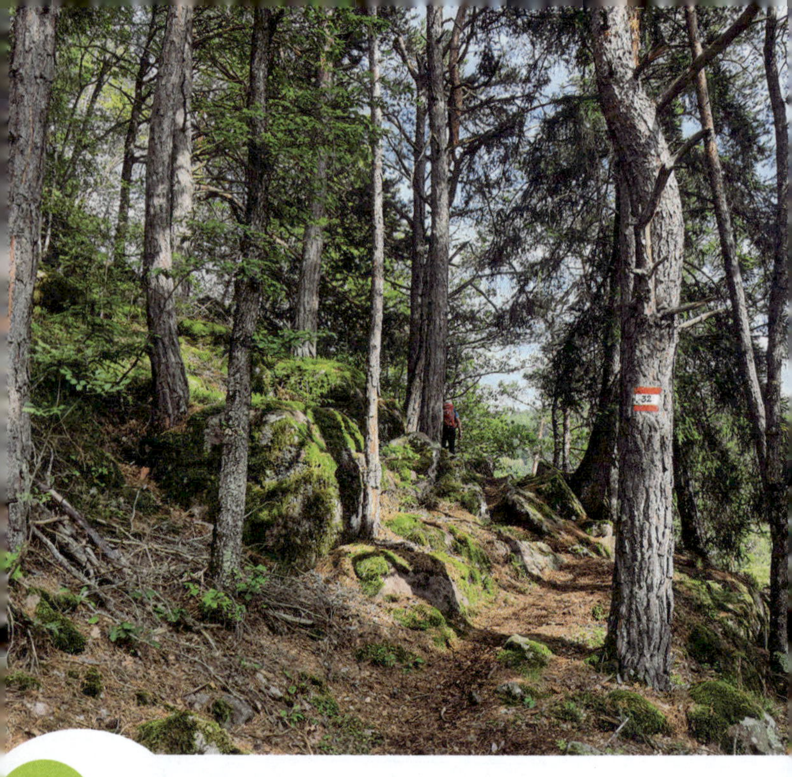

15 Auf das sonnige Rittner Plateau

„Von der finsteren Sarner Schlucht über den Johanniskofel und Wangen bis Oberinn und weiter nach Oberbozen“

Ⓢ Sarntal, Bushaltestelle Johanniskofel (477 m)

Ⓩ Oberbozen, Bergstation der Seilbahn nach Bozen (1221 m)

13,6 km

6:00 h

1285 m

566 m

schwer

Mit dem Zug oder Linienbus zum Hauptbahnhof Bozen

Mit dem Linienbus 150 vom Busbahnhof Bozen zum Ausgangspunkt (Haltestelle Johanniskofel). Rückkehr mit der Seilbahn von Oberbozen nach Bozen

Am Start auf der alten Sarner Straße fällt der Blick sofort auf den imposanten Johanniskofel. Um ihn und sein Kirchlein zu erreichen, muss man vorher die Sarner Schlucht überwinden, vom Steinmannhof führt dann ein toller Felsenweg auf den Kofel hinauf. Vorbei an einsam gelegenen Bauernhöfen und auffallend vielen Kornelkirschbüschen erreicht man Wangen, welches von einem weiteren sehenswerten Kirchenhügel geprägt ist. Am netten Brandsteig trifft man auf einen Parcours für Bogenschützen: Weg nicht verlassen!
Ein zusätzlicher Höhepunkt am Weg sind die Lamas beim Kaserhof in Oberbozen, der Sommerfrischort der Bozner Familien.

Der schöne Brandsteig, ein Waldweg zwischen Wangen und Oberinn

Wegbeschreibung: Von der Bushaltestelle (490 m) wendet man sich auf die alte Sarner Straße und kehrt auf dieser ein Stück zurück, bis der markierte Wanderweg 4 links abgeht. Die Talfer wird über eine Hängebrücke überquert und auf einem alten, gepflasterten Weg wandert man steil bergauf zum Steinmannhof. Nach einem Abstecher zum Johanniskofel mit seinem Kirchlein (658 m) kehrt man wieder zurück und wandert nun weiterhin auf Weg 4 weiter, teils auf Wanderwegen und teils auf Straßen. Man erreicht Wangen (1060 m), spaziert durch das Dorfzentrum, vorbei an Schule und Bushaltestelle. Bald danach leitet die Beschilderung rechts ab Richtung Oberinn (Brandsteig 32). Man folgt dieser, überquert den Wangener Bach, zweigt dort links ab und geht auf einem Waldweg weiter. Dieser führt schließlich abwärts auf eine Straße. Auf dieser hält man sich links und kommt bald in Oberinn (1300 m) an. Hier hat man die Möglichkeit, die Wanderung abzuschließen und mit dem Bus nach Klobenstein zu fahren. Oder man setzt den Weg auf der Oberinner Straße fort bis zum Bachmannhof. Dort geht rechts Weg 32 ab und bald danach wendet man sich nach links auf Weg 17. Bei der darauffolgenden Weggabelung nimmt man Weg 16 bis zum Lobishof und marschiert nun auf breitem Weg 18 links (Richtung Wolfsgruben) in den Wald hinauf. Bei der nächsten Wegkreuzung geht man nach rechts auf Weg 6 (Oberbozen) und erreicht auf diesem, am Kaserhof vorbei, Oberbozen (1221 m).

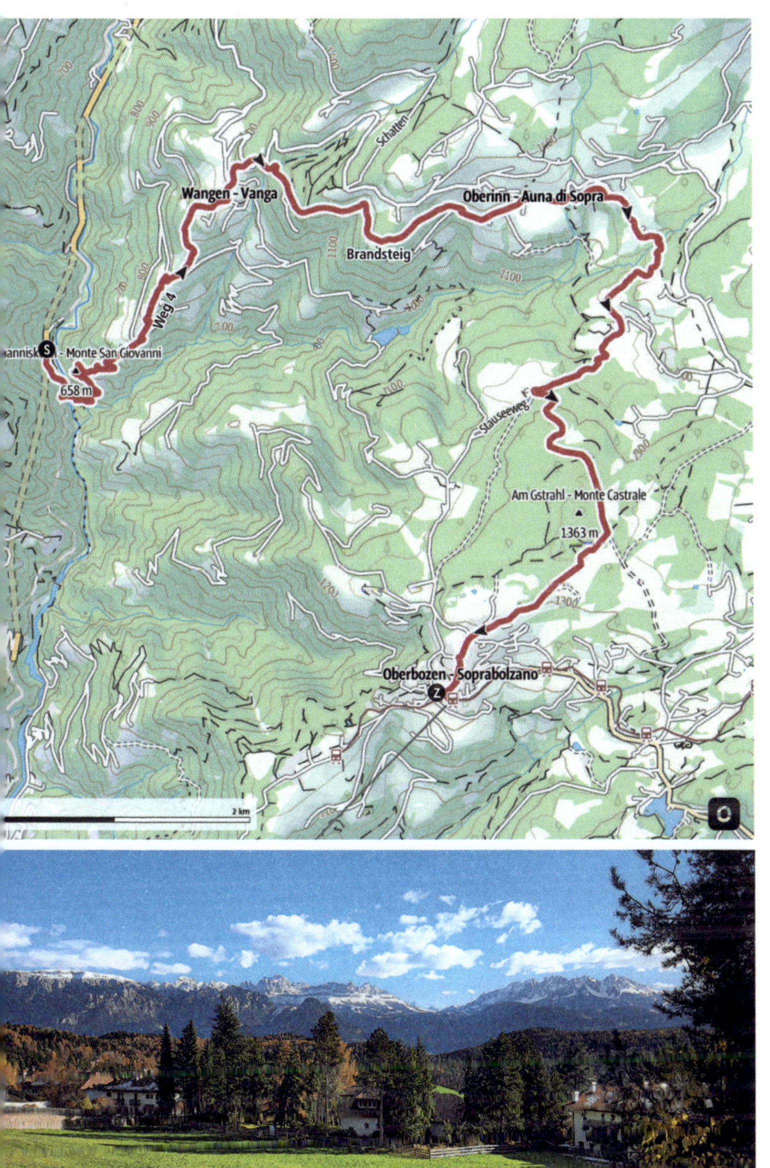

Dolomitenkino auf dem Weg zwischen Kaserhof und Oberbozen

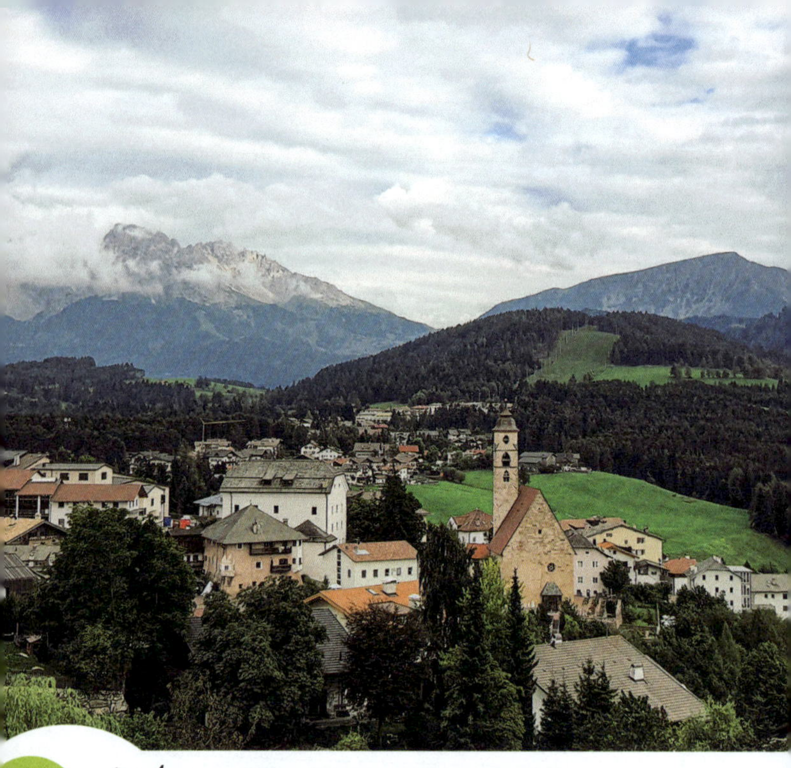

16 Von Deutschnofen nach Kohlern

» Von Deutschnofen auf dem E5 zum Wölflhof, weiter zum Biotop Totes Moos und über die Schneiderwiesen zur Bergstation der Kohlerer Seilbahn «

Deutschnofen, Bushaltestelle Kirche (1359 m)

Bergstation der Kohlerer Seilbahn (1109 m)

12 km

3:50 h

403 m

653 m

mittel

Mit dem Zug oder Linienbus zum Hauptbahnhof Bozen, weiter mit dem Linienbus 181 nach Deutschnofen

Mit der Kohlerer Seilbahn gelangt man zurück nach Bozen. Von der Talstation kehrt man mit dem Citybus zum Hauptbahnhof Bozen zurück.

Rund um Deutschnofen wurde vor nicht allzu langer Zeit der Erlebniswanderweg „Kirchsteig" ausgeschildert, ausgestattet mit interessanten Stationen. Dieser wird bis zum Wölflhof begangen. In dessen unmittelbarer Nähe stößt man bereits auf den Rand eines ersten Moores, das sogenannte Wölflmoor. Auf dem Weiterweg streift man auch noch das Tschinggermoor und wandert schließlich unmittelbar am Biotop Tootes Moos vorbei. Moore spielen als Wasserspeicher eine unschätzbare Rolle für die Natur. Auch einen Abstecher zum Aussichtspunkt Rotwand oder dem Rotenstein sollte man nicht versäumen. Man ist großteils im Wald unterwegs und die sonnige Lichtung der Schneiderwiesen ist mit der dazugehörigen Einkehrmöglichkeit ein willkommener Lichtblick. Beim Abstieg zur Bergstation der Kohlerer Bahn gelangt man in den Weiler Bauernkohlern, welcher mit seinen Villen, allen voran

Blick auf Deutschnofen

Villa Degischer, nostalgische Gefühle weckt. Der Kohlerer Berg war der Haus- und Sommerfrischberg der begüterten Bozner und wurde bereits 1908 mit einer Schwebebahn erschlossen.

Wegbeschreibung: Gegenüber der Bushaltestelle (1359 m) weist ein Schild auf den Weg E5, dem man am Spanglerhaus vorbeigehend folgt. Bei der nächsten Weggabel folgt man Weg 1/2 (Wölfl). Man wandert auf der Straße bergauf, stets auf dem E5 bleibend. Nach dem Gottererhof spaziert man auf einem breiten Forstweg weiter und erreicht schließlich absteigend an einem geologischen Aufschluss vorbei die Straße, welche rechts zum Wölflhof (1280 m) hinüberleitet. An diesem vorbei marschiert man auf der Straße weiter und bald zweigt Weg 1 rechts ab. Auf diesem geht es nun durch den Wald entlang eines Sagenweges zum Stanerhof und zum Biotop Totes Moos (1480 m). Nach Wunsch kann hier ein Abstecher zum Rotenstein unternommen werden. Nun hält man sich an die Markierung 1 und wandert auf steinigem Weg hinauf zu den Schneiderwiesen (1372 m), evtl. mit einem Schwenk zur Rotwand. Von dort erreicht man auf dem steinigen und auch teilweise steilen Weg 1 absteigend die Straße und auf dieser die Bergstation der Kohlerer Seilbahn (1359 m).

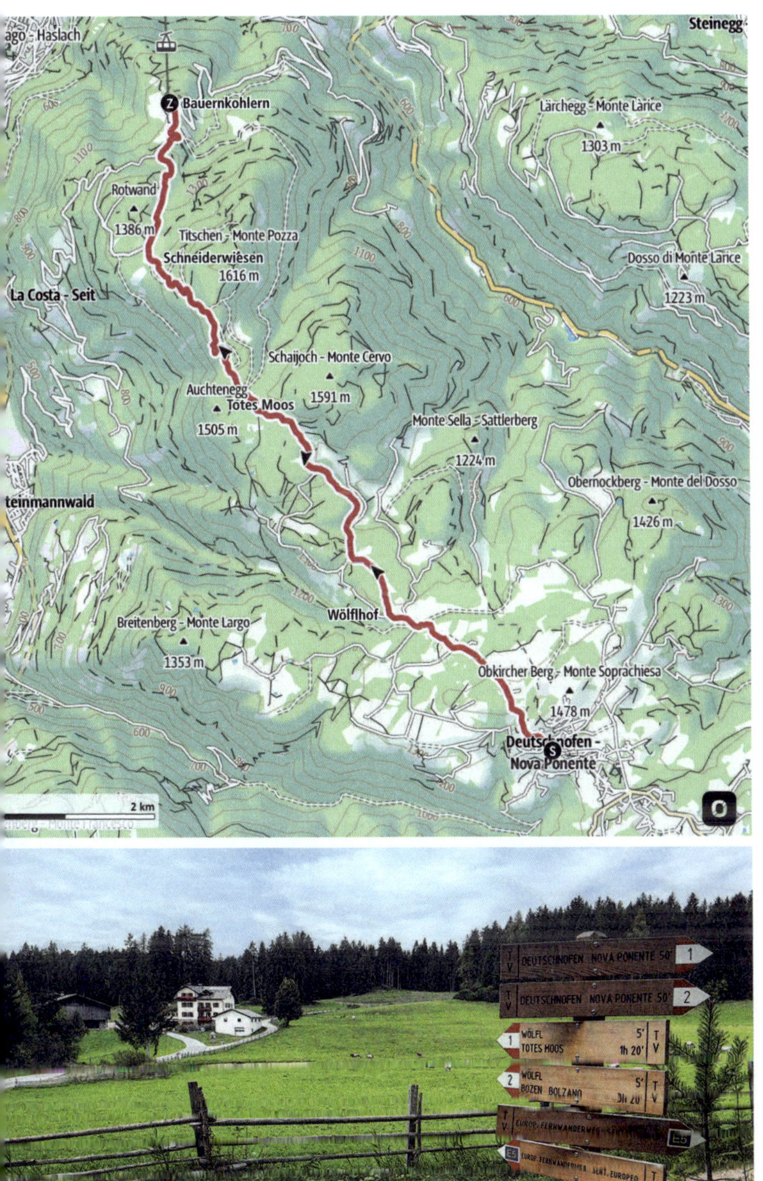

Wegweiser am Wölflhof

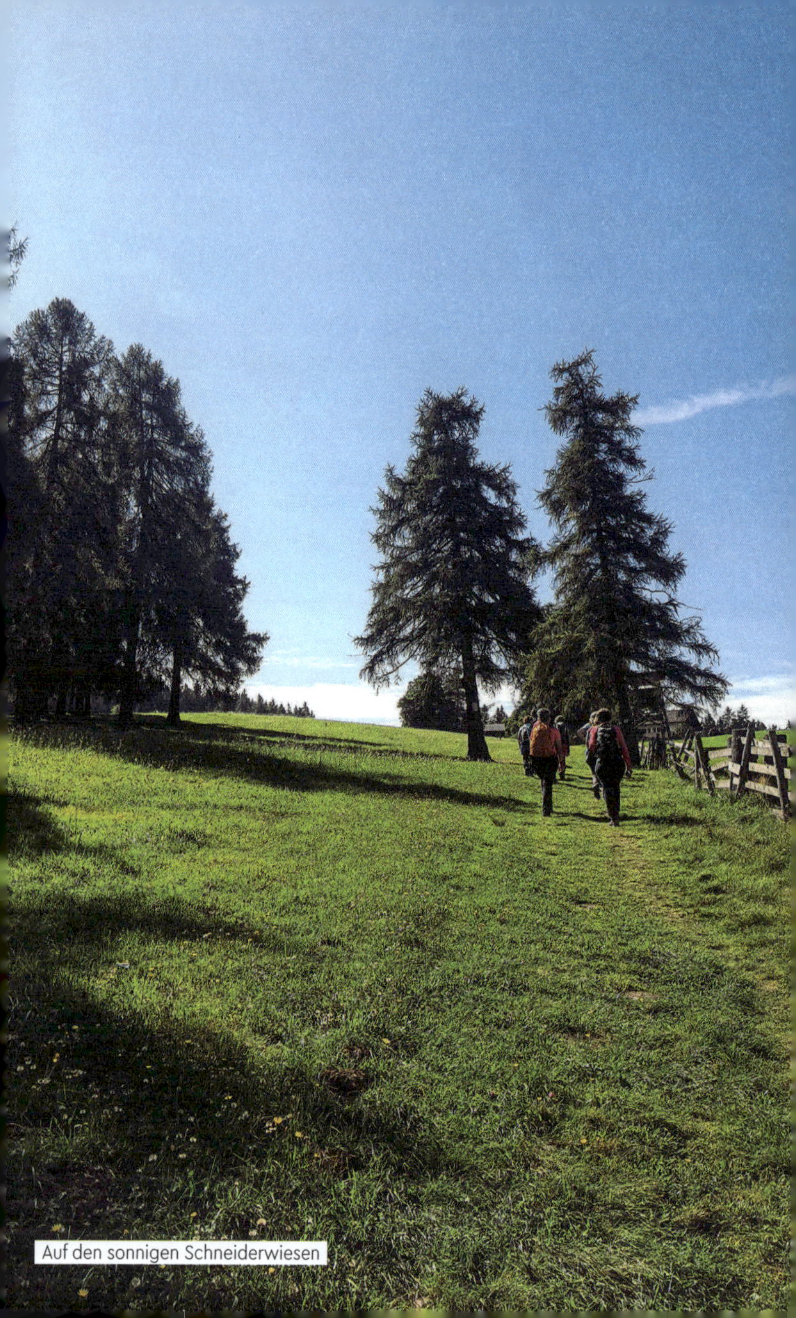
Auf den sonnigen Schneiderwiesen

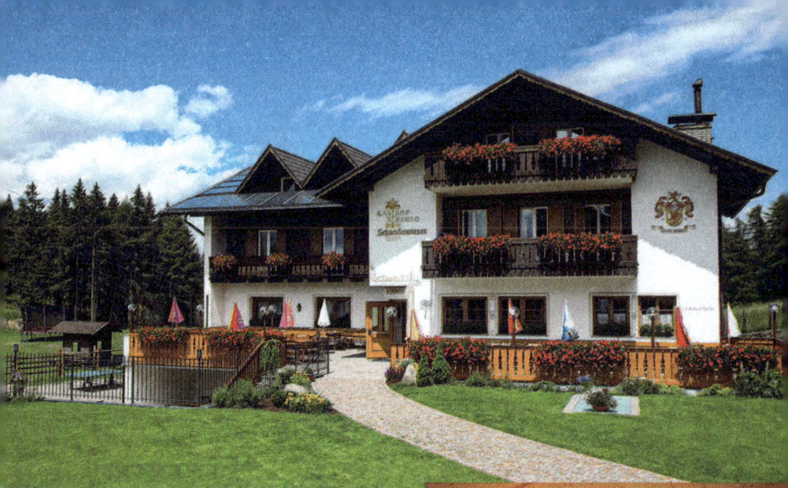

SCHNEIDERWIESEN

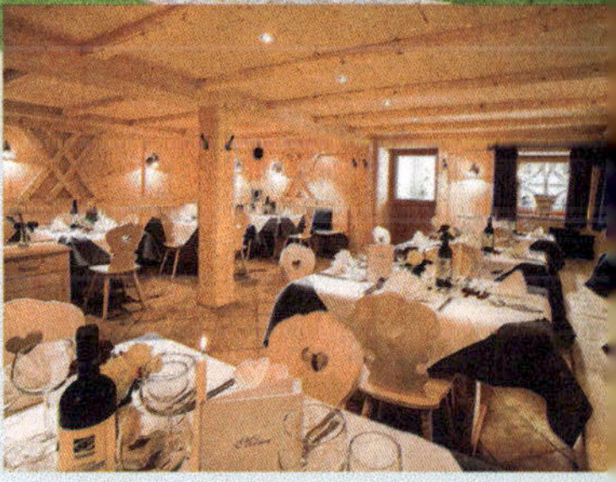

Umgeben von Wiesen und Nadelwäldern – am höchsten Punkt von Seit, oberhalb Leifers – liegt unser Gasthof in sonniger Lage auf 1400 m. Sie erreichen uns ab der Bergstation der Seilbahn Kohlern. Die gute Südtiroler Küche, eine reiche Auswahl erlesener Weine und köstliche Wildgerichte sorgen für das leibliche Wohl. Auf der großen Sonnenterrasse genießen Sie hausgemachte Mehlspeisen oder eine deftige Brettljause. Kinder können sich auf dem Spielplatz oder beim Tischtennis, Tischfußball und Volleyball austoben.

Wir freuen uns auf Ihren Besuch.

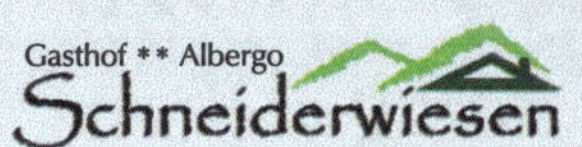

Fam. Plattner
Seit 41
I-39050 Steinmannwald/Leifers

T +39 0471 250500
info@schneiderwiesen.it
www.schneiderwiesen.it

Öffnungszeiten
von April bis Oktober
Mittwoch Ruhetag; von Juni bis September kein Ruhetag

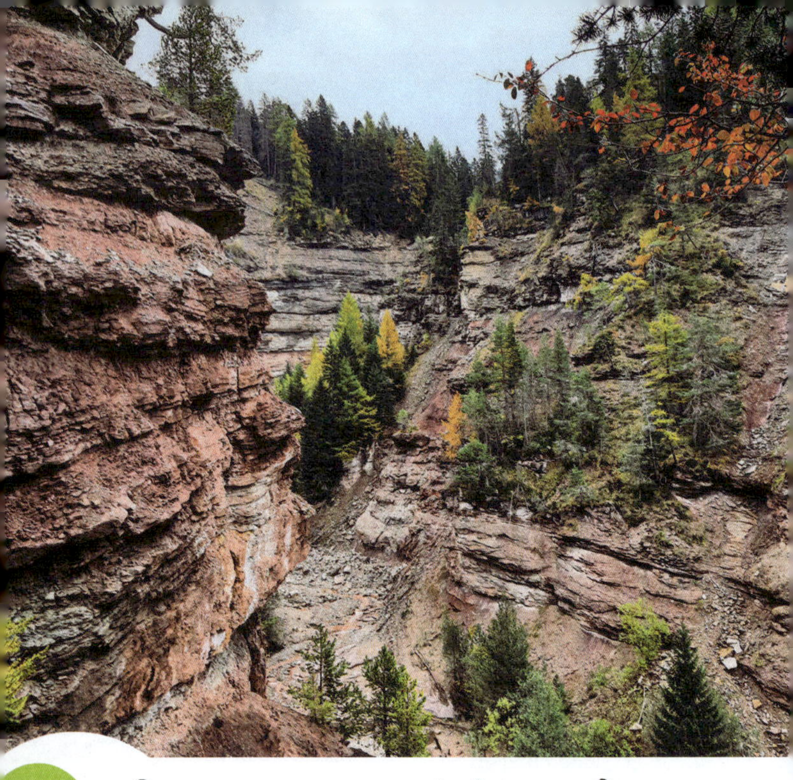

17 Canyon und Kirchen rund um Weißenstein

» Vom Besucherzentrum in die Schlucht des Geoparc Bletterbach mit Ausstieg über den Jagersteig und über die Almen weiter nach Maria Weißenstein «

S Bushaltestelle beim Besucherzentrum Aldein (1543 m)

Z Bushaltestelle Maria Weißenstein (1519 m)

|—| 9,9 km

3:20 h

380 m

422 m

mittel

Mit dem Zug oder Linienbus bis Bozen oder Auer, dort mit dem Linienbus 142 nach Aldein

In den Sommermonaten kann man mit einem Bus von Aldein bis zum Besucherzentrum in Lerch/Aldein fahren. Von der Bushaltestelle Maria Weißenstein gelangt man mit dem Linienbus 184 nach Birchabruck und dann weiter nach Bozen oder Auer.

Die Bletterbachschlucht allein ist schon einen Ausflug wert. Staunend wandert man an hohen Porphyr- und Sandsteinwänden entlang und erhält einen kleinen Einblick in die jahrmillionenalte Erdgeschichte. Zudem ist der Geoparc 2009 in das Unesco-Weltnaturerbe aufgenommen worden. Der Besuch der Almen verspricht kulinarischen Genuss, es fehlt also nur noch der spirituelle Aspekt, dem die allseits bekannte Wallfahrtskirche Maria Weißenstein Genüge tut. Auch der Besuch der Leonhardskirche und der umliegenden Reste der Einsiedlerklause sind ein spannendes Erlebnis. Hier soll 1553 die Mutter Gottes einem verunglückten Bauern erschienen sein.

Blick vom Aufstiegsweg in die Bletterbachschlucht

Wegbeschreibung: Nachdem man sich im Besucherzentrum (1543 m) den Helm ausgeliehen hat, steigt man gleich neben dem Gebäude in die Schlucht zum sogenannten Taubenleck (1418 m) ab. Über Treppen und Wege gelangt man in das Bachbett und folgt diesem sich links haltend. Der Bach wird immer wieder überquert, man wandert unter hohen Porphyr- und Sandsteinwänden durch die Schlucht, bis der Weg in der Nähe des Wasserfalls (1466 m) abgesperrt ist. Man kehrt zurück und steigt über den steilen Jagersteig auf, wiederum durch Treppen entschärft. Oben angekommen wendet man sich nach links und kommt an Infowürfeln zu den verschiedenen erdgeschichtlichen Zeitabschnitten vorbei zur Abzweigung des Weges zur Lahneralm (1580 m). Auch dieser Weg ist wieder ein Naturlehrpfad. An der Lahneralm vorbei spaziert man auf dem breiten Weg G (Gorzsteig), der später in einen Wanderweg übergeht, weiter bis zur Schmiederalm (1674 m). Von dort folgt man nach deren Parkplatz der breiten Forststraße zur Schönrastalm und weiterhin auf dem Weg 15 bleibend erreicht man den E5. Auf diesem gelangt man zum Wallfahrtsort Maria Weißenstein (1521 m). An der Kirche und dem Gasthaus vorbei kommt man zur Bushaltestelle. Beim Hotel Leonhard biegt man rechts ab und marschiert auf dem Leonhardweg 4 weiter. Man kommt zu einer Weggabel, der Forstweg macht eine große Rechtskurve. Hier steigt man zur Kirche St. Leonhard (1524 m) und der in der Nähe befindlichen Einsiedlerklause auf und kehrt auf dem gleichen Weg zurück zur Bushaltestelle.

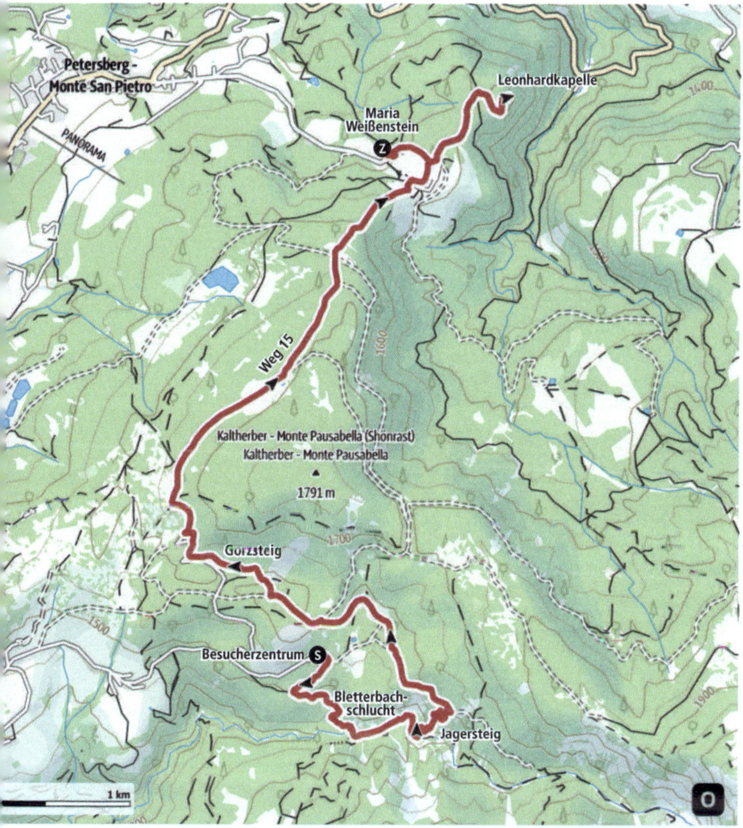

Petersberg - Monte San Pietro
Leonhardkapelle
Maria Weißenstein
PANORAMA
Weg 15
Kaltherber - Monte Pausabella (Schönrast)
Kaltherber - Monte Pausabella
1791 m
Gorzsteig
Besucherzentrum
Bletterbach-schlucht
Jagersteig
1 km

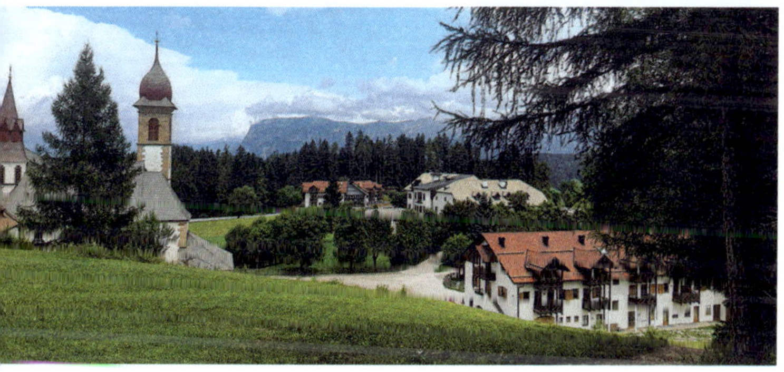

Der bekannte Wallfahrtsort Maria Weißenstein

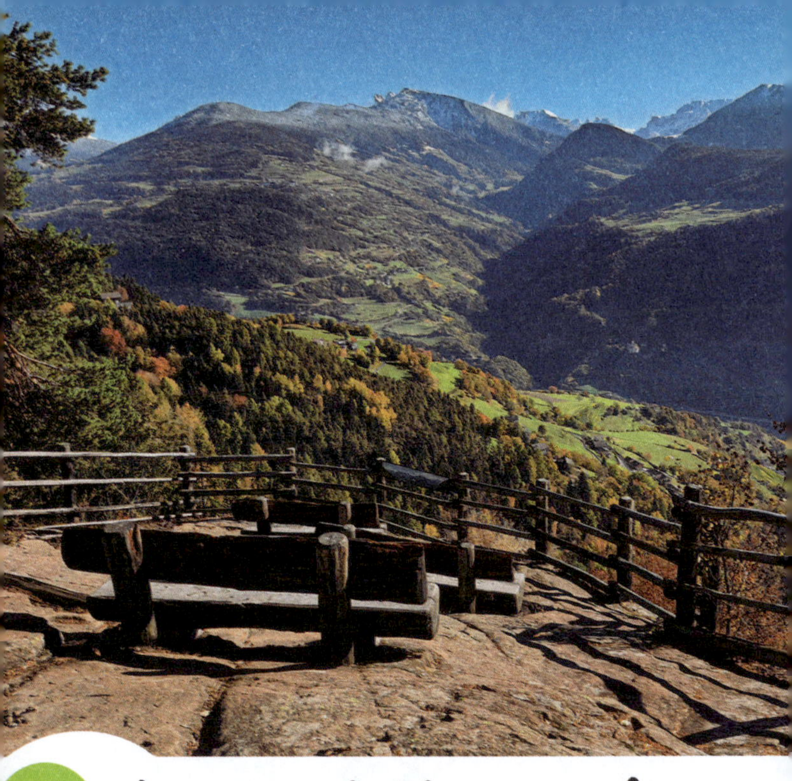

18 Wasserfälle zwischen Barbian und Ritten

Von Barbian zu den Wasserfällen und über das Saubacher und Rittner Schritzenholz nach Lengstein

Barbian Dorfplatz (836 m, Bushaltestelle)

Lengstein (970 m, Bushaltestelle)

10,5 km

 4:00 h

 716 m

 575 m

 mittel

 Mit dem Zug oder Linienbus bis zum Bahnhof Waidbruck-Lajen

 Mit dem Linienbus 346 vom Bahnhof Waidbruck-Lajen nach Barbian. Von Lengstein mit dem Linienbus 165 nach Bozen. Im Sommer fährt am Nachmittag ein Wanderbus von Lengstein nach Barbian.

Eine Tour mit mehreren Höhepunkten: Da sind die bekannten und beliebten Wasserfälle, die man auf einem gut ausgebauten Steig erreicht. Als nächstes erwarten einen die schönen Almflächen vom Saubacher Schritzenholz. Einen wunderbaren Panoramablick erlebt man vom Rittner Schritzenholz sowie vom Aussichtspunkt Seeboden aus. Ein besonders mystischer Platz ist beim Kobenkirchl, welches sich verträumt in eine Felsengrotte hineinschmiegt. Laut Sage glaubten junge Mädchen in der Spiegelung der geschliffenen Marmorplatte, die sich an der Seitenwand neben dem Altar befindet, ihr zukünftiges Schicksal zu sehen.

Wegbeschreibung: Vom Dorfplatz (836 m) wandert man Richtung Süden (Saubach), bis rechts der Wasserfallweg abzweigt. Diesem folgt man nun, oberhalb des Lukashofes

Das Gratis-Panorama-Kino am Wasserfallweg

biegt man bei der Rastbank links ab und gelangt über einen Wanderweg auf die Almstraße. Dieser kurz nach rechts folgen und bei der Rechtskurve wieder links abbiegen. Man erreicht den unteren Wasserfall und steigt dann auf zum oberen (1286 m). Dort wird die Brücke überquert und es geht weiter aufwärts. Bei der nächsten Weggabel hält man sich links auf Weg 34 (Schritzenholz, 1450 m) und marschiert auf diesem bis zu den Almen auf dem Saubacher Schritzenholz. Man bleibt weiterhin auf Weg 34, der inzwischen auf einem Forstweg verläuft. An den Almhütten vorbei führt er in den Wald hinein und man erreicht die Grenze zum Rittner Schritzenholz, welche zwischen zwei Bachläufen überquert wird. Man gelangt zu einer verfallenen Hütte aus Stein. Dort teilt sich Weg 34 und man geht nunmehr auf Weg 34A, welcher sich abwärts zur Rittner-Schritzenholz-Alm (1420 m) wendet. Natürlich könnte man auch auf dem Waldweg 34 bis Maria Saal weiterwandern. Auf einer Forststraße erreicht man nach dem Seewandmoos die Abzweigung zum Aussichtspunkt Seewand (1300 m) und kehrt dann wieder zurück zur Straße. Nach einer weiteren Viertelstunde geht links der Weg zum Kobenkirchl (1285 m) ab. Auch hier wieder zurückkehren und dann weiter auf Weg 34A, der schließlich rechts zum Hexenbödele (1090 m) hinüberführt. Auf Weg 9 geht es dann links hinab nach Lengstein (970 m).

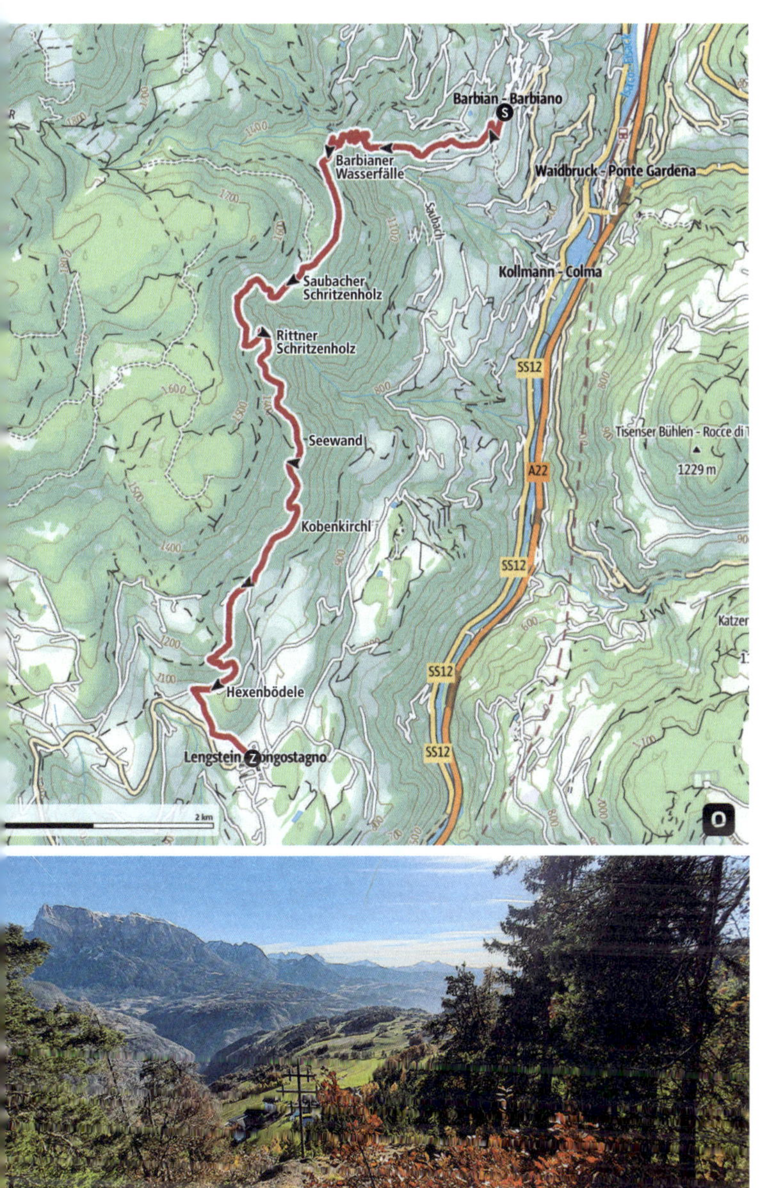

Wetterkreuz in der Nähe des Kobenkirchleins

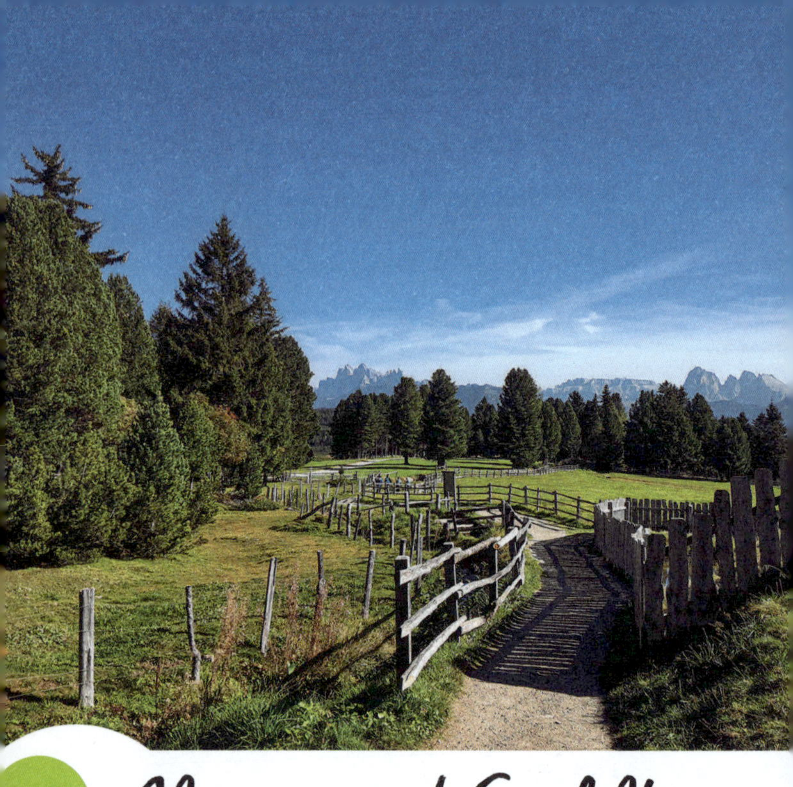

19 Almen- und Gipfeltour in den Sarntaler Alpen

„Von der Villanderer Alm auf das Rittner Horn und Abstieg über die „Schian" nach Pemmern"

Ⓢ Bushaltestelle Villanderer Alm (1776 m, Gasserhütte)

Ⓩ Bushaltestelle Pemmern (1540 m, Klobenstein/Ritten)

|—| 12 km

 3:45 h

 509 m

 720 m

 mittel

 Mit dem Zug oder Linienbus nach Klausen

 Die Villanderer Alm ist mit dem Linienbus 345 vom Busbahnhof Klausen erreichbar. Von Pemmern gelangt man mit den Linienbussen 166 und 165 (ab Klobenstein) nach Bozen.

Eine Wanderung, die vor allem durch sagenhaftes Panorama besticht, welches einen kontinuierlich begleitet und auf dem Rittner Horn seinen Höhepunkt findet. Eine Rundumsicht von 360 Grad, die sogar Karl Felderer nach einem Ausflug dorthin zum Verfassen des Textes für das Südtiroler Heimatlied „Wohl ist die Welt so groß und weit" inspirierte. Das Rittner Horn gehört übrigens zur Katastralgemeinde Barbian und ist deren höchster Punkt und Hausberg. Neben der umwerfenden Aussicht hat diese nunmehr auf drei Gemeinden aufgeteilte Gegend noch etwas gemeinsam: einen 500 Jahre währenden Almstreit zwischen Ritten und dem Gericht Villanders (zu dem auch Barbian gehörte). Es ging dabei vor allem um Weiderechte. Dieser Streit ist inzwischen glücklicherweise Geschichte. Nur die Steinwälle, welchen man entlang des Weges begegnet, erinnern noch daran.

Sanfter Wanderweg über die Villanderer Alm

Wenn man grad zufällig am Bartholomäustag, dem 24. August also, diese Wanderung unternimmt, dann trifft man „Auf der Schian", auf ein tolles Fest. Auf dieser Almfläche in der Nähe der Mittelstation der Umlaufbahn wird nämlich der traditonelle Almabtrieb gefeiert.

Wegbeschreibung: Von der Bushaltestelle Villanderer Alm (1774 m) zur darüber befindlichen Gasser-Hütte wenden und an dieser vorbei auf Wanderweg 6 bis zur Mair-in-Plun-Hütte (1858 m) spazieren. Dort geht Weg 7A links ab und auf diesem breiten Forstweg erreicht man den Gasteiger Sattel (2055 m). Es geht nun an dem Steinwall entlang bis zu einer Öffnung in dieser Steinmauer. Dort hindurchgehen und rechts hinauf zum Rittner Horn (2260 m). Der höchste Punkt ist erreicht und man kann auf Weg 1 hinabwandern zum Unterhornhaus (2044 m) und auf demselben Weg weiter abwärts. Vorbei an zwei Schleppliftstationen führt die Wanderung meist über freie Almweiden hinab zur sogenannten „Schian" (1850 m) und weiter zur Talstation der Rittner-Horn-Umlaufbahn (1540 m).

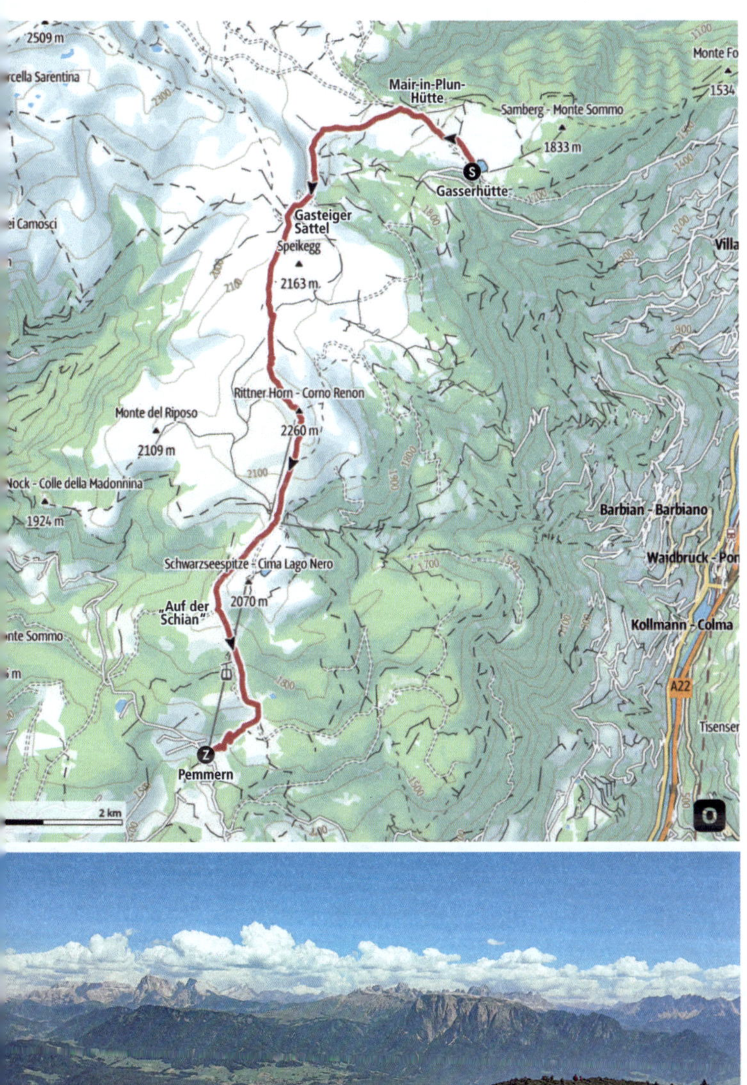

Ausblick vom Rittner Horn

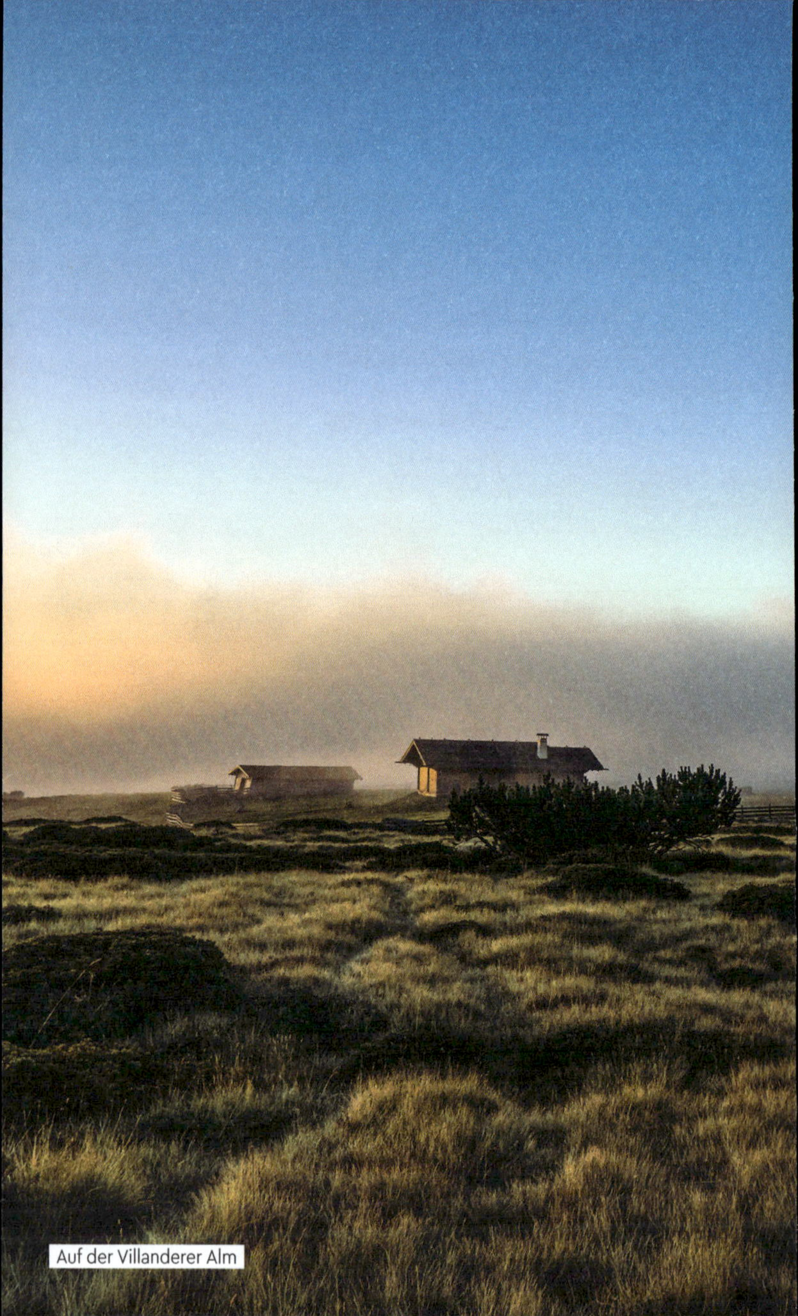
Auf der Villanderer Alm

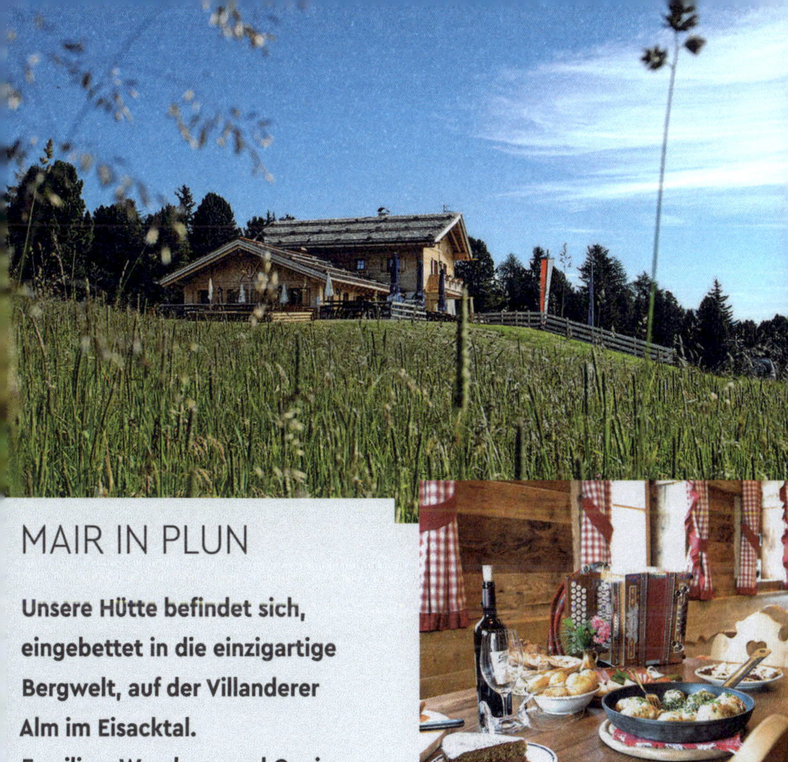

MAIR IN PLUN

Unsere Hütte befindet sich, eingebettet in die einzigartige Bergwelt, auf der Villanderer Alm im Eisacktal.
Familien, Wanderer und Genießer sind bei uns stets herzlich willkommen und wir verwöhnen sie gerne auf unserer Sonnenterrasse mit unseren Produkten vom eigenen Bauernhof.
Während Sie bei einer Tasse Kaffee entspannen, können sich die kleinen Gäste auf dem großen Spielplatz mit Trampolin austoben und dem Streichelzoo einen Besuch abstatten.

Mair in Plun Hütte
Villanderer Alm
I-39040 Villanders

T +39 335 474625
info@mairinplun.com
www.mairinplun.com

Öffnungszeiten
Sommer: Mitte Mai bis Anfang November, Dienstag Ruhetag (außer Juli/August)
Winter: 26. Dez. bis Mitte März, Dienstag und Mittwoch Ruhetag

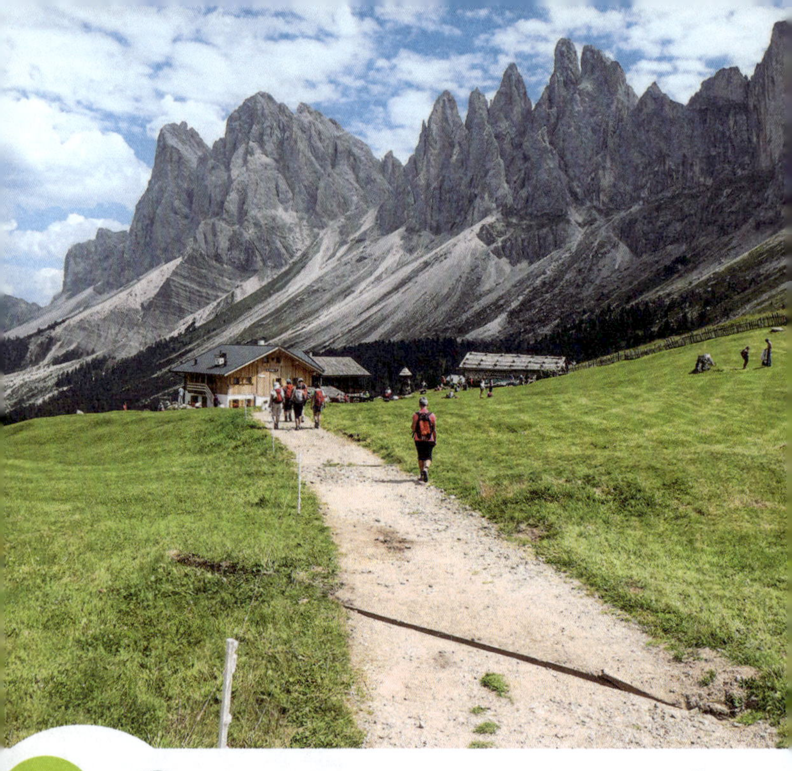

20 Dolomitenkino zwischen Raschötz und Villnöß

„Von der Raschötz über die Flitzerscharte und über den Adolf-Munkel-Weg nach Zans in Villnöß“

Bergstation der Raschötz-Bahn (2096 m, Gröden)

Bushaltestelle Zans (1673 m, Villnöß)

13,8 km

4:15 h

278 m

700 m

leicht

Mit dem Zug oder Linienbus nach Klausen und dort weiter mit dem Linienbus 350 bis St. Ulrich in Gröden

Zur Talstation der Raschötzbahn vom Antoniusplatz in St. Ulrich mit Rolltreppe, Förderband und kurzem Fußweg.
Von Zans fahren regelmäßig Linienbusse nach Brixen oder Klausen.

Die Ausblicke, welche sich im Laufe dieser Tour präsentieren, zählen zu den Höhepunkten der Dolomitenwelt. Anfangs kann man die Seiser Alm, den Platt- und Langkofel, die Sellagruppe, die Seceda bewundern. In der Nähe der Flitzer Scharte aber wechselt die Szenerie und die Fermedatürme und Geislerspitzen nehmen die Bühne ein und bleiben dann kontinuierlich im Blickfeld der Wanderer. An der Flitzer Scharte kann man zusätzlich noch einen Blick Richtung Eisacktal riskieren. Nicht umsonst wurde das Gebiet durch die Aufnahme in den Naturpark Puez-Geisler geschützt. Außerdem ist diese Tour ohne längere schweißtreibende Steigungen zu bewältigen. Dank der Auffahrt mit der Standseilbahn Raschötz von St. Ulrich aus, startet man ja bereits auf einer Höhe von 2122 Metern. Diese moderne Bahn ist die längste Standseilbahn Südtirols. Einst musste man mit einem Sessellift vorliebnehmen. 2009 stellte

Die Broglesalm unter den imposanten Wänden der Geislerspitzen

man dessen Betrieb ein und ersetzte ihn mit der jetzigen Bahn. Noch eine letzte Information: Der Adolf-Munkel-Weg wurde nach dem Gründer und langjährigen Vorsitzenden der Sektion Dresden des Deutschen Alpenvereins benannt. Diese Sektion baute den Weg im Jahr 1905.

Wegbeschreibung: Von der Bergstation (2096 m) der Raschötzer Bahn wendet man sich nach rechts, Richtung Saltnerhütte. An dieser vorbei wandert man auf dem gepflegten, teilweise mit Steinplatten verstärktem Weg 35 Richtung Brogleshütte. Man macht unterwegs einen Abstecher zur Flitzer Scharte (2107 m) – links vom Weg, wandert dann auf Weg 35 weiter und quert die Innerraschötzer Almen, bis man den Broglessattel (2120 m) erreicht. Nun steigt man zur Broglesalm (2045 m) ab und marschiert links an der Almhütte vorbei, auf Weg 35 hinab zum Broglesbach und dann weiter bis zur Abzweigung zur Gschnagenhardtalm (1996 m) und Geisleralm (1996 m), zu welchen man nun aufsteigen, Einkehr und Aussicht genießen und nahe der Geisleralm auf Weg 36 und 36A zum Weg 35 wieder absteigen kann. Es besteht aber auch die Möglichkeit, auf Weg 35 (auch Adolf-Munkel-Weg genannt) zu verbleiben und weiterzuwandern. Nach der Überquerung des Tschantschenonbaches wendet man sich links auf Steig 6 und steigt auf diesem nahe des Baches ab zur Bushaltestelle in Zans (1673 m).

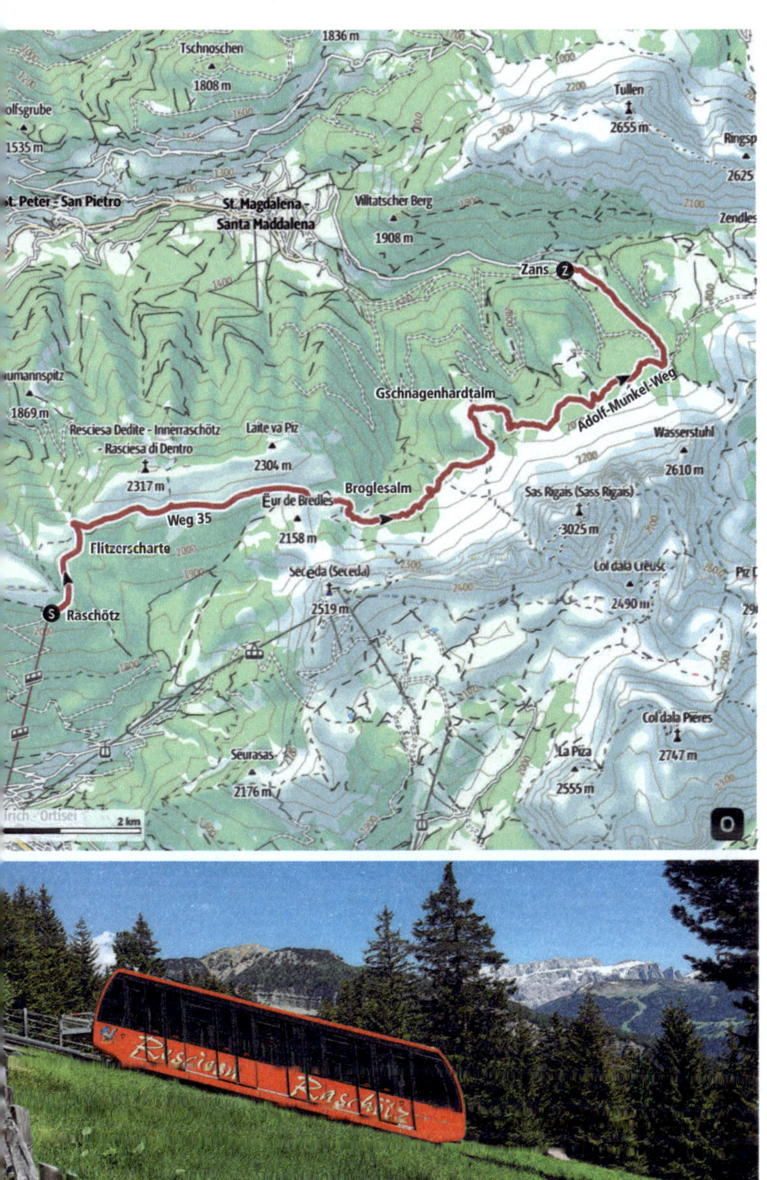

Die moderne Standseilbahn Raschötz

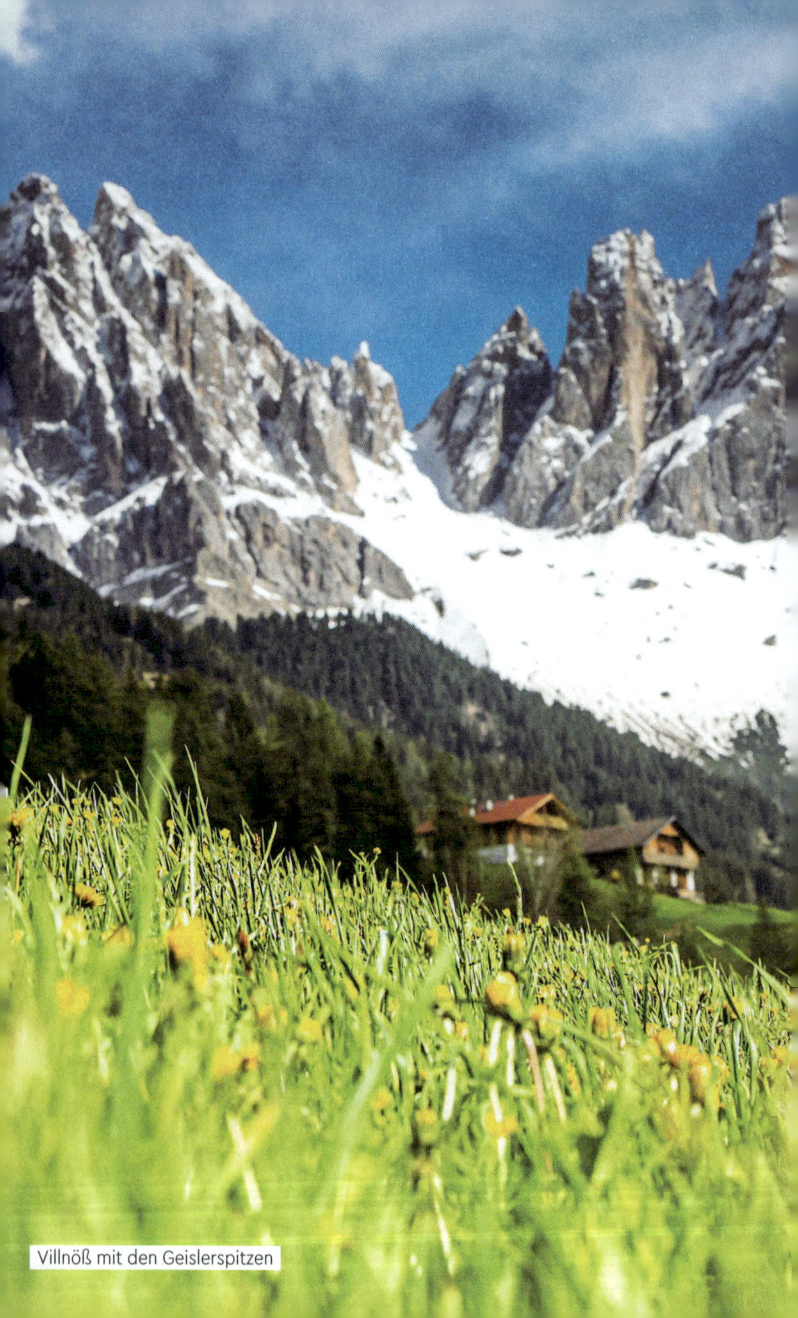
Villnöß mit den Geislerspitzen

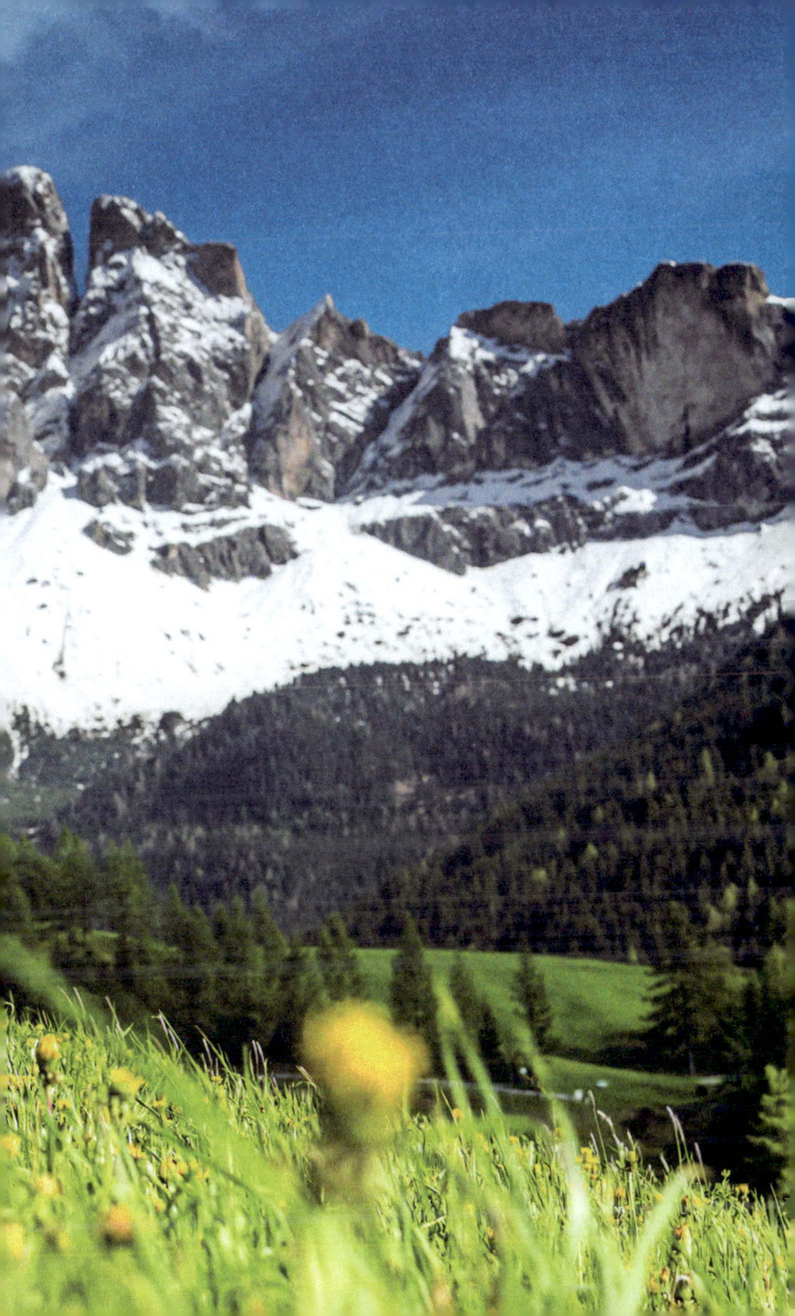

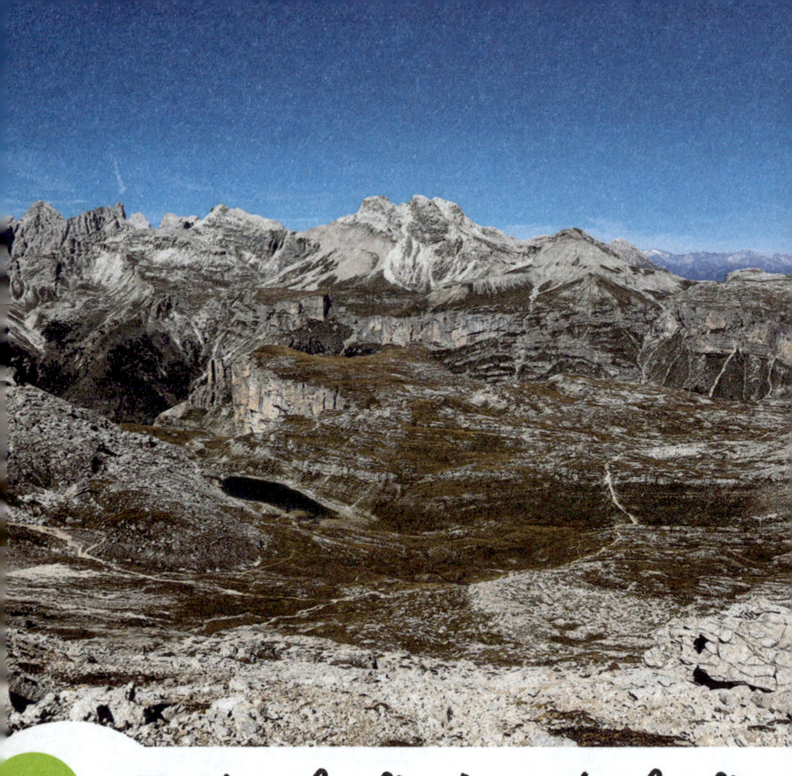

21 Zauberhafte Landschaft auf der Puez-Hochfläche

»Vom Grödner Joch über Cir-, Crespeina- und Ciampeijoch zur Puezhütte und Abstieg durch das Edelweißtal nach Kolfuschg«

Bushaltestelle am Grödner Joch (2215 m)

Bushaltestelle in Kolfuschg (1639 m)

13,1 km

5:00 h

565 m

1040 m

mittel

Mit dem Zug bis Bahnhof Waidbruck-Lajen, weiter mit dem Linienbus 350 oder 360 bis St. Ulrich in Gröden; ab dort mit dem Linienbus 473 zum Grödner Joch

Sowohl das Grödner Joch als auch Kolfuschg sind vom Sommer bis Frühherbst regelmäßig mit der Buslinie 473 verbunden.

Wenn jemand ein Dolomitenfan ist, dann darf diese Wanderung auf keinen Fall in seinem Tourenbuch fehlen. Da ist zum einen der Ausblick, der sich beim Aufstieg bietet: Wuchtig ruht der Sellastock auf der gegenüberliegenden Seite, der Langkofel winkt ebenso herüber. Auch die Bergwelt, welche den Weg begleitet, lässt einen einfach nur staunen. Vorbei an unzähligen Zacken und Felsengebilden kommt der Blick nie zur Ruhe. Immer wieder entdeckt man Neues. Zur richtigen Sommerszeit wird man dann auch noch von faszinierender Flora begleitet. Nach dem Crespeinajoch zeigt sich der gleichnamige See, wenn ein nicht allzu trockener Sommer ist. Die Puezhochfläche wiederum ist umgeben von einem Bergkranz; die Gipfel alle zu bestimmen und zu benennen wäre ein langwieriges Unterfangen. Außerdem kann man, wenn man erst einmal da oben angekommen ist, ohne weitere

Blick auf die gewaltige Puez-Hochfläche

schweißtreibende und endlose Aufstiege einen herrlichen Tag genießen. Gesteigert wird das Glück noch auf dem Gipfel des Sas Ciampac, dessen Aufstieg sich auf alle Fälle lohnt.

Wegbeschreibung: Von der Bushaltestelle (2120 m) spaziert man an der Straße bis zum Joch (Rif. Alpino) hinauf, gegenüber davon geht links Weg 2 (Puezhütte) ab. Auf breitem Weg wandert man bis zur Jimmyhütte, danach steigt der schmalere Wanderweg zwischen den Felsen zum Cirjoch (2462 m) an. Dort wendet sich der Weg kurz abwärts und dann rechts weiter zum Crespeinajoch (2528 m), das mit einem Kreuz geschmückt ist. Nun geht man auf der Puezhochfläche weiter, ohne größere Höhenunterschiede überwinden zu müssen. Man kommt am Crespeinasee vorbei und marschiert bis zur Ciampeischarte (2366 m).
Ein Stück nach dem Crespeinajoch zweigt übrigens ein Steig zum wunderbaren Aussichtsberg Sas Ciampac (2667 m) ab (rund 150 Höhenmeter), von dem man auf der anderen Seite zum Ciampeijoch absteigen kann. Wer zur Puezhütte (2480 m) wandert, kehrt nach der Einkehr wieder zurück zu diesem Joch und steigt auf dem schön angelegten Weg 4 ab zur Edelweißhütte und nach Kolfuschg zur Bushaltestelle (1639 m).

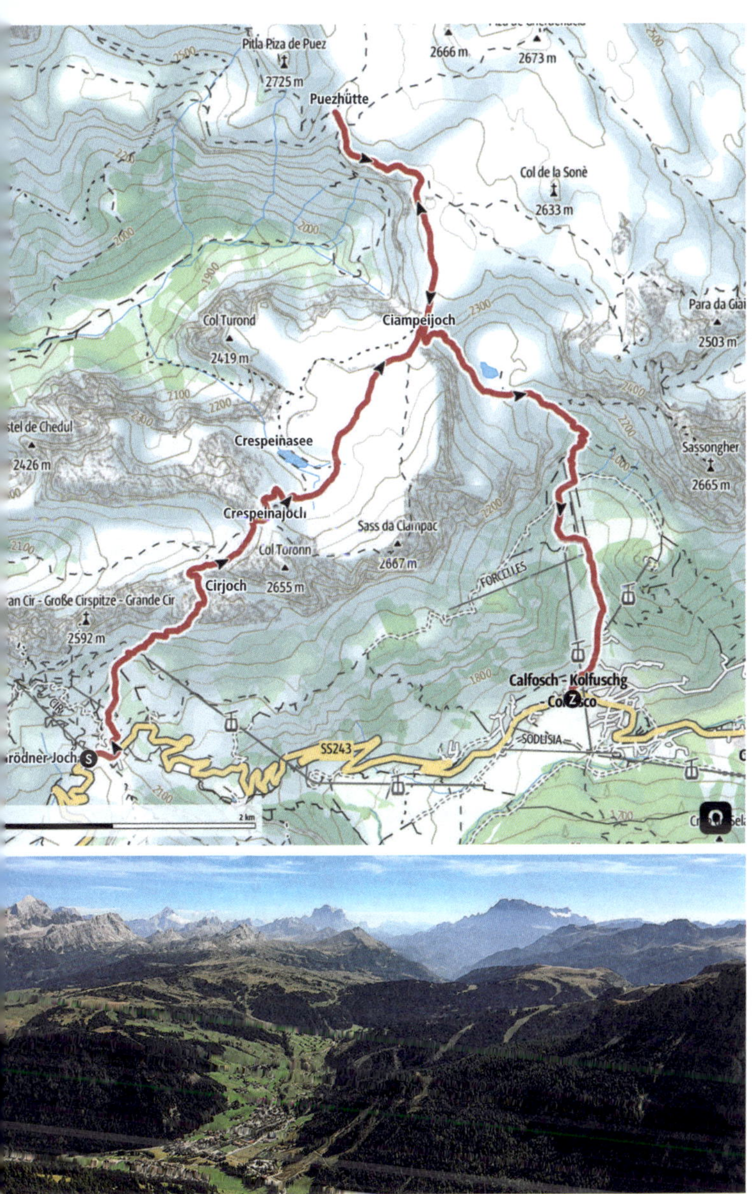

Blick vom Sas Ciampac auf Kolfuschg und Corvara

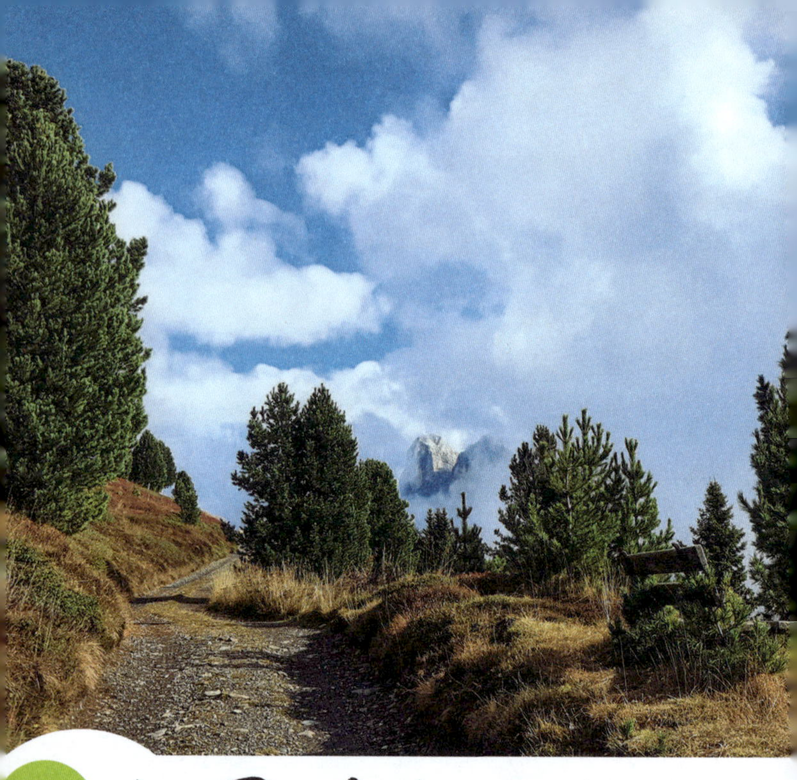

22 Im Reich der Zirben und der Geislerkinos

»Von Innerpalmschoß zur Schatzerhütte und über den Dolomiten-Höhenweg zur Rossalm. Zurück über den „WoodyWalk" nach Palmschoß«

S Bushaltestelle St. Andrä (Skihütte, 1896 m)

Z Bushaltestelle Palmschoß (1691 m)

11,2 km

3:40 h

336 m

546 m

mittel

Mit dem Zug oder Linienbus nach Brixen

Ausgangspunkt und Zielpunkt können von Brixen regelmäßig mit dem Linienbus 321 erreicht werden.

Diese Tour besticht vor allem durch den Dolomitenblick, allen voran die Aferer und Villnösser Geisler geben sich kontinuierlich die Ehre. Aber auch der Peitlerkofel winkt immer wieder herüber. Die Plose ist eigentlich ein Skiberg, hier zeigt er aber eine völlig andere, naturbelassene Seite. Ein kurzes Wegstück verläuft auch auf dem Dolomiten-Höhenweg Nr. 2. Er hat in Kreuztal seinen Anfang, zieht sich auf den Ploseberg hinauf und dann hinab bis nach Feltre. Jener mit der Nummer 8 hingegen führt ebenso durch die Dolomiten bis hinab nach Salurn. Dieses Wegstück ist sehr schön, führt durch die Zirbenwälder, begleitet von Felsen. Eine Attraktion für Familien ist der Erlebnisweg „WoodyWalk" mit seinen netten Stationen.

Zirbenlandschaft mit Blick auf den Peitlerkofel

Wegbeschreibung: An der Bushaltestelle (1896 m) weisen uns die Schilder auf Weg 8 (Richtung Schatzerhütte). Auf einer Forststraße erreicht man diese ohne größere Anstrengung. Der Weg führt oberhalb der genannten Hütte weiter und man kommt sogleich zu einer Weggabel. Dort wandert man links weiter und alsbald geht es wieder scharf links ab auf Weg 4 bzw. den Dolomitenhöhenweg. Dieser zieht sich sehr schön und abwechslungreich dahin, an Felsen entlang, über Treppen und Brücken durch Zirbenwälder. Es folgt eine weitere Weggabel, hier verlässt man den Dolomiten-Höhenweg und marschiert nun auf Weg 17A weiter. Man unterquert die Pfannspitzbahn und bald danach leiten die Schilder rechts hinauf zur Rossalm (2180 m).
Dort angekommen kann man gleich nach der Hütte links zum sogenannten „WoodyWalk" absteigen, einem Familien-Erlebnispfad (Weg 17A und später Weg 17) mit verschiedenen Stationen, welcher recht kurzweilig ist. Man gelangt nach Kreuztal (2000 m) und dort führt nach dem Gasthof Geisler Weg 7 zur Straße (bei Hotel Forestis). Dieser folgt man nach links hinunter bis zur Bushaltestelle Palmschoß (1691 m), oder man macht unterhalb des Hotels auf Weg 3A nach rechts noch einen Abstecher zum Kirchlein von Freienbühl und steigt nach St. Georg/Afers ab, wo sich ebenso eine Bushaltestelle befindet.

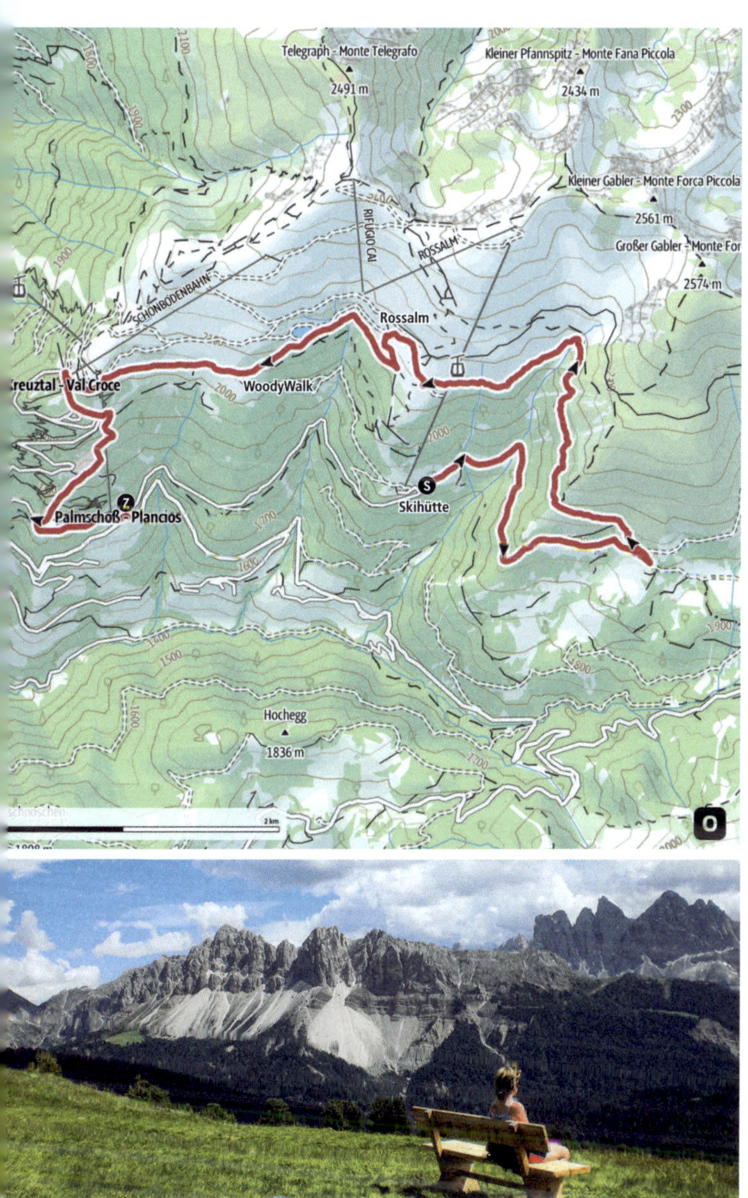

Ausblick auf die Aferer und Villnösser Geisler

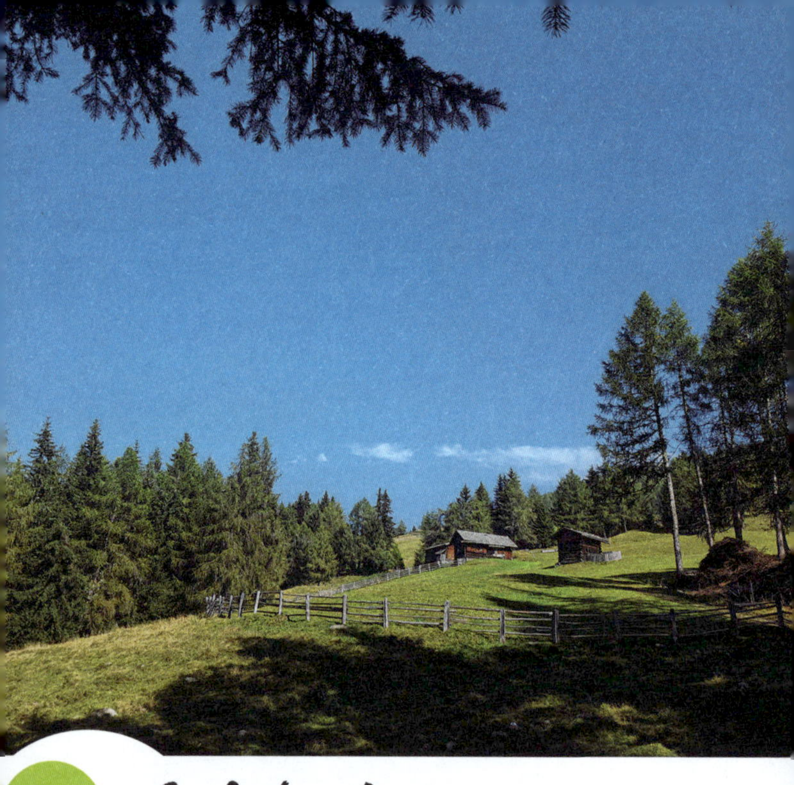

23 Auf der Lüsner-Rodenecker Alm

“Vom Tulperhof zur Starkenfeldhütte und dem Astjoch und über die Kreuzwiesenhütte und den Griablsteig zurück”

Ⓢ Bushaltestelle beim Tulperhof, Lüsen-Berg (1633 m)

Ⓩ Bushaltestelle Nähe Parkplatz Herol (1635 m)

14,9 km

5:00 h

613 m

611 m

mittel

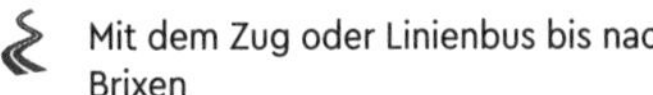

Mit dem Zug oder Linienbus bis nach Brixen

Lüsen ist ab Brixen mit dem Linienbus 325 erreichbar. In den Sommermonaten fahren mehrmals in der Woche Busse zum Ausgangs- und Zielpunkt der Wanderung. Infos im Tourismusverein Lüsen

Mehrere Gemeinden teilen sich das Almgebiet der Lüsner-Rodenecker Alm. Immerhin zählt es mit seiner Ausdehnung von rund 2300 Hektar neben der Seiser Alm zu den größten zusammenhängenden Almhochflächen Südtirols. Es befindet sich zwischen dem Lüsner, Puster- und Gadertal. Im Sommer weiden die Tiere auf den weitläufigen Wiesen und teilen sich die Alm mit den Wanderern und Radlern. Im Winter locken die endlos scheinende Weite und die tollen Einkehrmöglichkeiten Wanderer, aber auch Langläufer und Schneeschuhwanderer an. Bereits die Jäger der Mittelsteinzeit wussten die Vorzüge dieser weiten Flächen zu schätzen und legten Rastplätze an. Das Almgebiet ist zudem mit ökologisch wertvollen Niedermooren ausgestattet und von mehreren Seiten aus erreichbar. Das Astjoch ist als Draufgabe ein nicht zu anspruchsvolles und aussichtsreiches Gipfelziel.

Auf dem Griablsteig wechseln sich Wald- und Weideflächen ab.

Wegbeschreibung: Von der Haltestelle beim Gasthof Tulperhof (1633 m) geht man kurz auf der Anfahrtsstraße zurück und nach den zwei Wohnhäusern weisen die Wanderschilder nach links hinauf. Man folgt diesen und erreicht den Forstweg 3. Dieser führt mit einigen abkürzenden Wanderwegen durch Wald und Almwiesen zum Weg 2, welcher vom Parkplatz Zumis herüberkommt. Bald gelangt man, sich rechts haltend, zur Starkenfeldhütte (1935 m) und wandert dort weiter, allerdings trägt dieser Weg nun die Nummer 67. Auf diesem marschiert man hinauf zur Gipfelerhebung des Astjochs (2194 m, auch Burgstall genannt). Weg 67 überquert diese und man steigt wieder ab, bis man auf Weg 12 trifft, dem man rechts hinab folgt. Er vereinigt sich für kurze Zeit mit Weg 10, auf dem man sich rechts hält und dann links zur Kreuzwiesenhütte (1922 m) gelangt. Dort geht es auf dem Forstweg rechts weiter, dieser geht in Weg 11 über und wird dann zum sogenannten „Griablsteig". Man kehrt in angenehmer Wanderung, ohne größere Höhenunterschiede bewältigen zu müssen, durch lichten Wald und Weidegelände zu Weg 3 zurück und kehrt auf diesem wieder über Tulper Gampis (1710 m) zurück. Allerdings spaziert man nun nicht mehr zum Tulperhof hinab, sondern hält sich links zum Parkplatz Herol. Auf dessen Zufahrtsstraße spaziert man hinunter zur Bushaltestelle (1635 m).

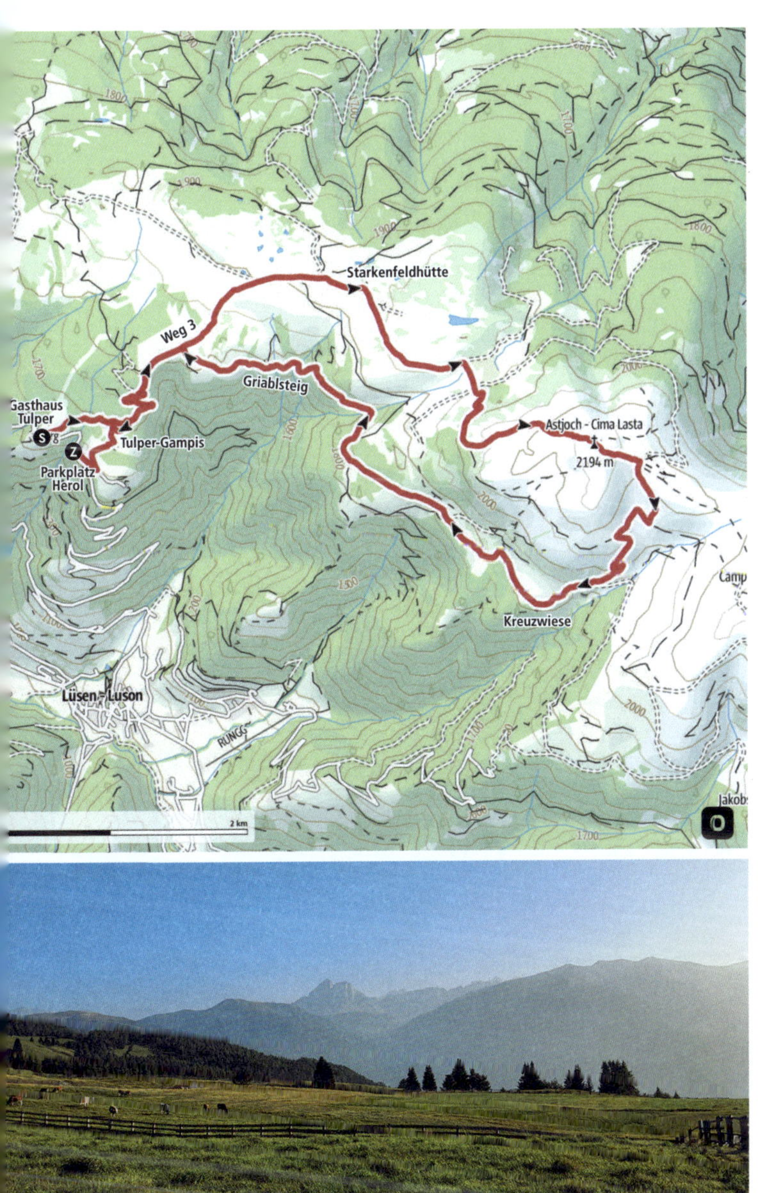

Die Lüsner Alm mit ihren weiten Almflächen

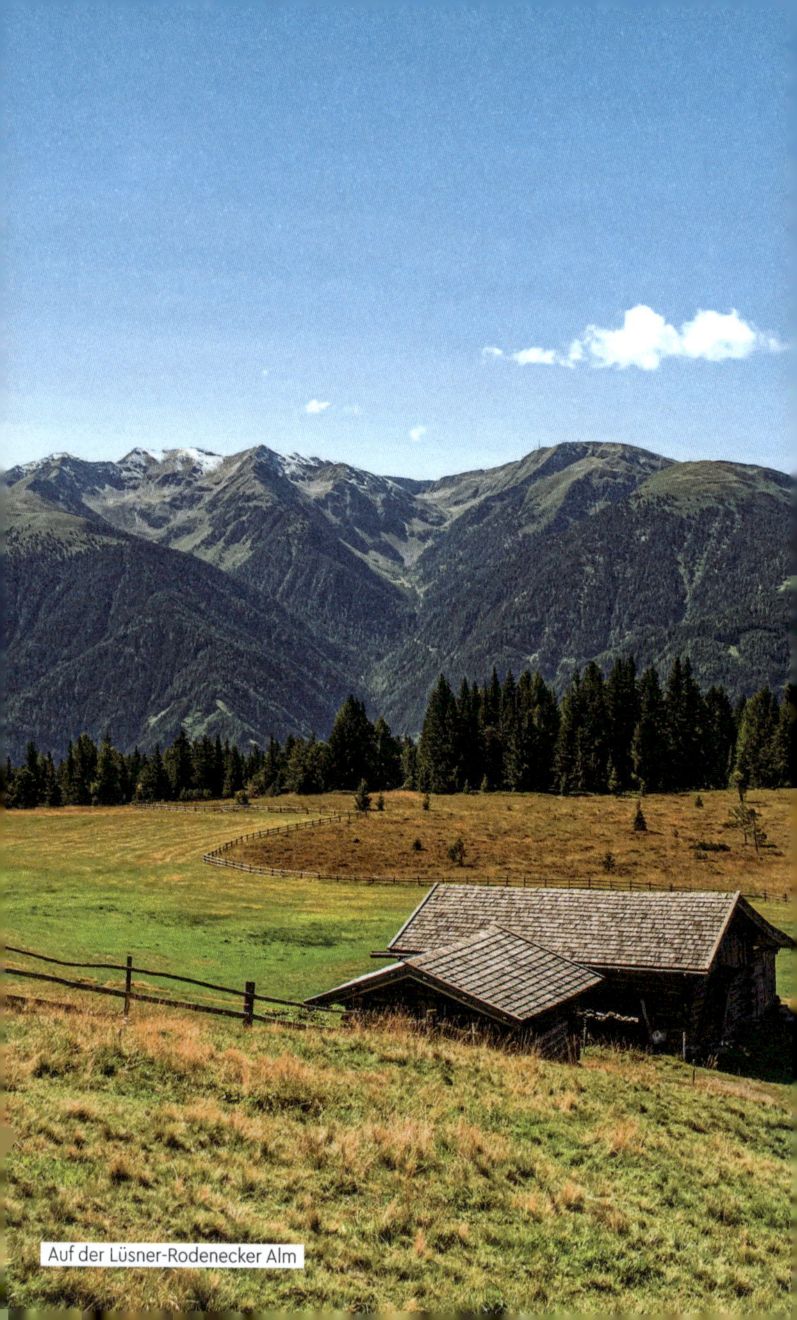

Auf der Lüsner-Rodenecker Alm

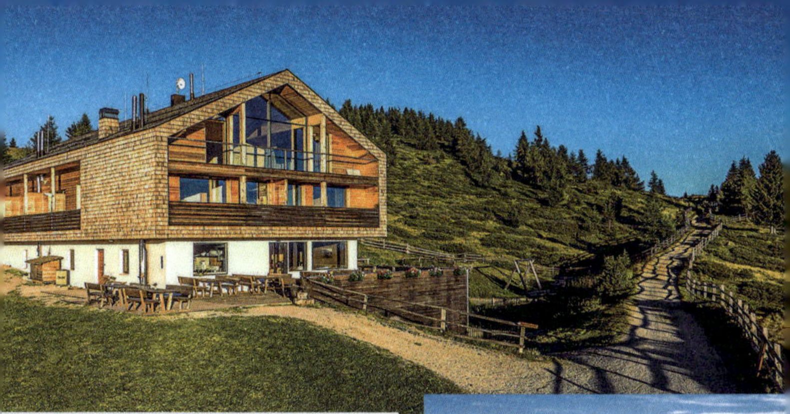

STARKENFELDHÜTTE RODENECKER-LÜSNER ALM

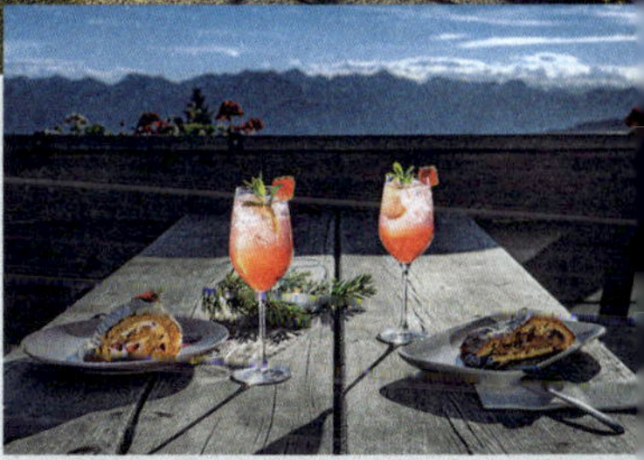

Auf einem der sonnigsten Hochplateaus der Alpen erlebst du klare Bergluft und Ruhe.

Genieße die 360°-Bergblicke auf Dolomiten, Sarntaler, Ötztaler und Stubaier Alpen.

Unsere traditionelle Küche inklusive Knödel, Schlutzkrapfen, Kaiserschmarrn und Bergkäse aus eigener Produktion stärkt nach einem herrlichen Ausflug auf der Alm!

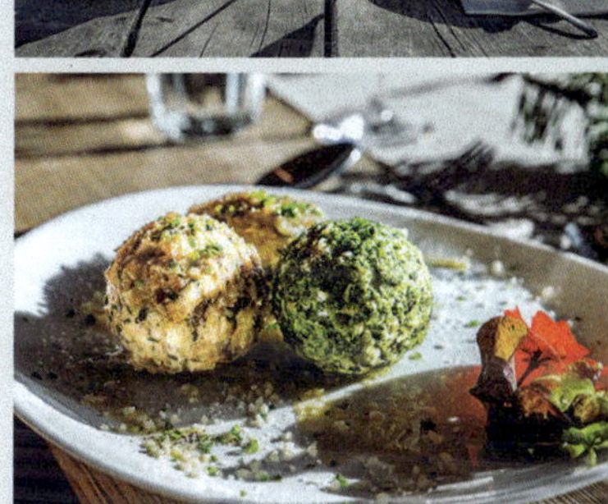

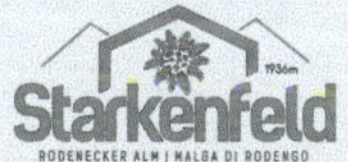

Starkenfeldhütte
Rodenecker-Lüsner Alm
Fam. v. Klebelsberg

T +39 331 3513049

Öffnungszeiten
Mitte Mai bis Anfang November
Mitte Dezember bis Ende März
Kein Ruhetag

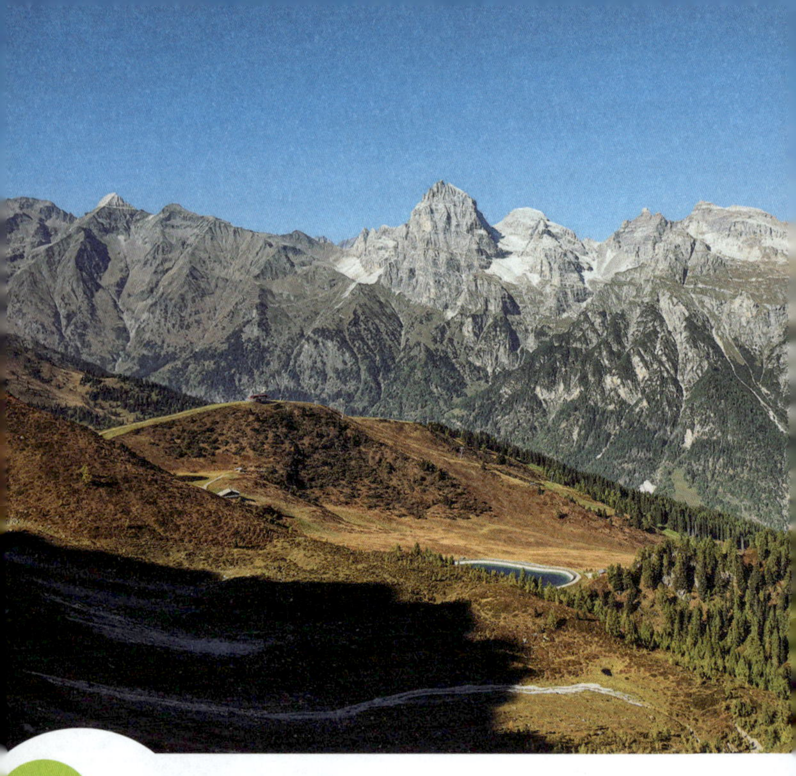

24 Unter den Telfer Weißen

Von der Bergstation Ladurns zur Lotter- und Ochsenscharte und über die Freundalm nach Obertelfes

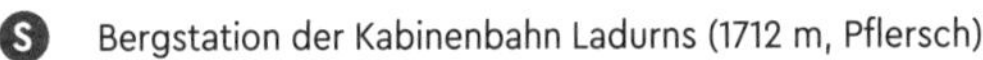

S Bergstation der Kabinenbahn Ladurns (1712 m, Pflersch)

Z Bushaltestelle Obertelfes (1266 m)

- Strecke: 10 km
- Dauer: 4:15 h
- Aufstieg: 647 m
- Abstieg: 1100 m
- Schwierigkeit: mittel

Mit dem Zug oder Linienbus nach Gossensaß

Von Gossensass mit dem Linienbus 313 zur Talstation der Kabinenbahn Ladurns. Von Obertelfes verkehren Linienbusse zum Bahnhof Sterzing.

Diese Tour besticht mit herrlicher Aussicht. Es winken sobald beim Aufstieg Richtung Edelweißhütte auf der anderen Seite des Pflerscher Tales die imposanten Spitzen der Tribulaune. Der Namensgeber der Dolomiten, Déodat de Dolomieu, hat im Bereich des Pflerscher Tribulauns im 18. Jahrhundert das Dolomitgestein entdeckt. Darum wurde auch ein Weg nach ihm benannt, welcher vom Roßkopf über Ladurns bis nach Allriss führt. An der Bergstation kreuzt man ihn. Auch die Telfer Weißen, ein zweigipfliger Berg, sind aus diesem weißen Gestein, daher auch ihr Name. Sie können nach Wunsch von der Ochsenscharte aus bestiegen werden. Der Blickwinkel ändert sich immer wieder und verspricht Ausblicke in alle Richtungen. Allerdings sollte man die Augen stellenweise auch auf die eigenen Füße richten, einige heikle Stellen erfordern dies.

Panoramasicht auf die majestätischen Tribulaune

In der Umgebung der Freundalm befindet man sich auf ehemaligem Bergbaugebiet. Kürzlich wurde ein Knappensteig Richtung Telfes mit Schautafeln versehen.

Wegbeschreibung: Von der Bergstation der Kabinenbahn Ladurns (1712 m) geht man an der Ladurner Alm vorbei und auf Weg 34 bergauf Richtung Edelweißhütte (1982 m). Kurz unterhalb der Hütte zweigt Weg 34A links ab Richtung Lotterscharte. Ein Teil des Weges unterhalb der Scharte (2280 m) ist sehr steil und schottrig, der letzte Abschnitt ist mit Treppen entschärft. Von der Scharte führt der Steig 24 rechts hinauf, quert dann einen steilen Hang und man gelangt auf die Ochsenscharte (2168 m) hinüber. Gipfelstürmer können hier noch einen Abstecher zum Hauptgipfel der Telfer Weißen (2588 m) machen, der mit ein bisschen Kraxelei erreichbar ist. Ansonsten steigt man zur Ochsenalm (1907 m) ab. Müde Wanderer haben hier die Möglichkeit, bequem zur Bergstation der Roßkopfbahn (1862 m) hinüberzuspazieren. Ansonsten geht es weiter abwärts zur Freundalm und auf der Rodelbahn (Nr. 5) nach Obertelfes (1266 m).

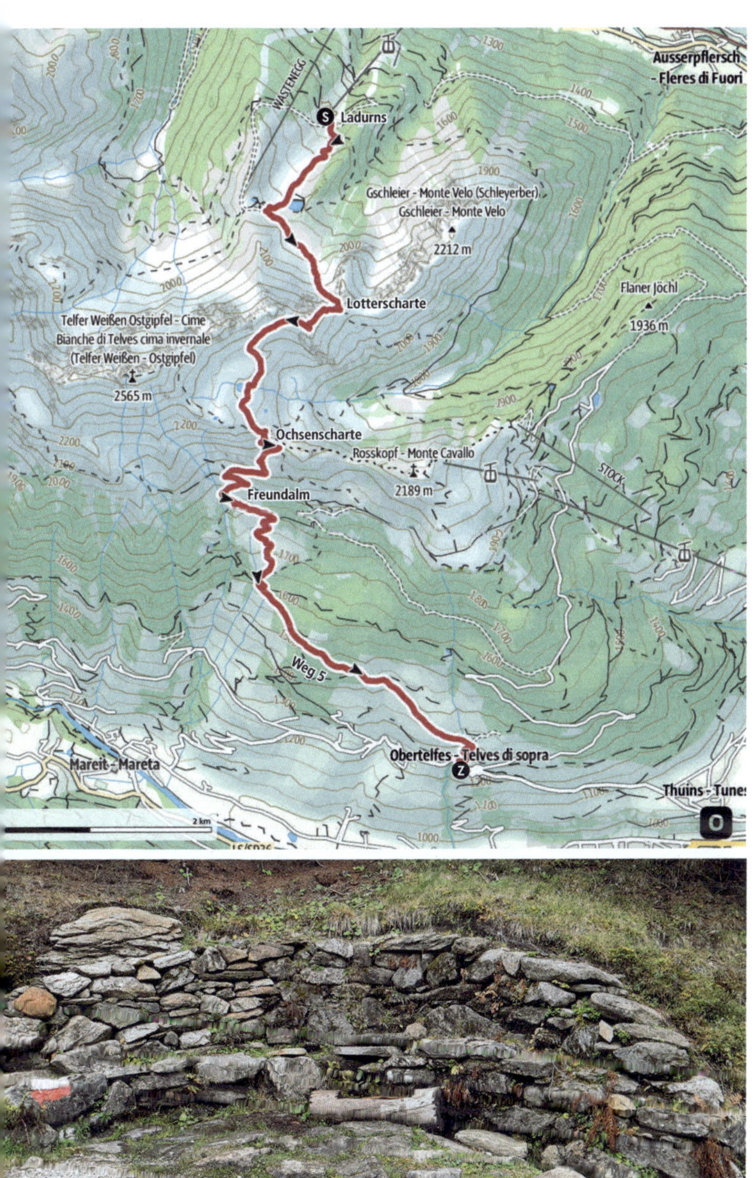

Das sagenhafte Witwenbrünnele bei Obertelfes

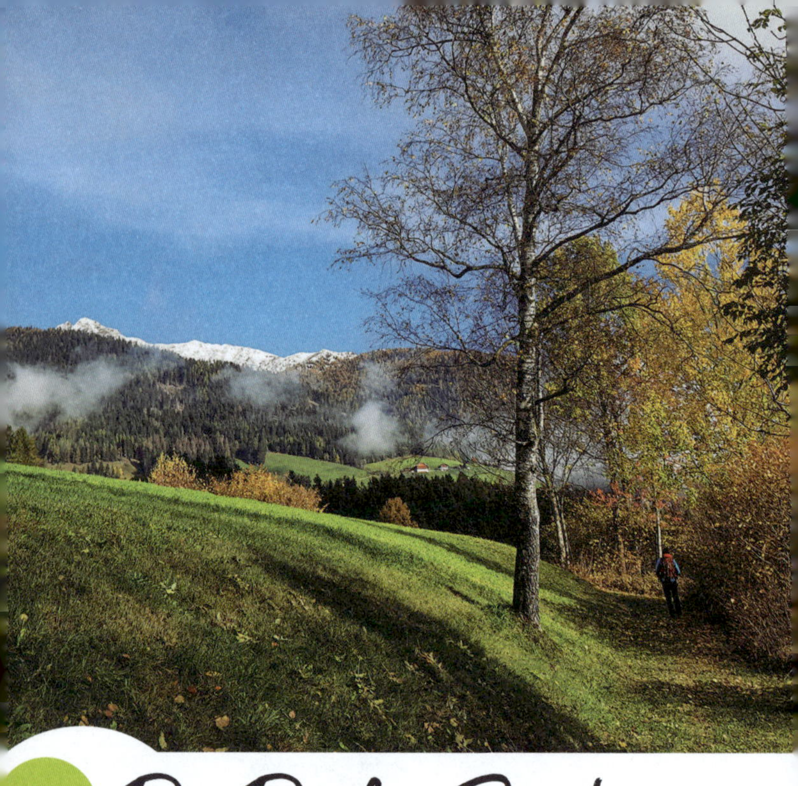

25 Die Dörfer-Runde von Nieder- oder Obervintl

"Von Niedervintl über die Schwalbenwand und das Pirchner Moos nach Terenten und über den Stockner Talweg nach Obervintl"

Bahnhof Niedervintl (748 m)

Bushaltestelle Obervintl (750 m)

12,9 km

4:30 h

614 m

611 m

mittel

Mit dem Zug oder Linienbus nach Niedervintl

Mit dem Linienbus 401 von Obervintl Richtung Brixen oder Bruneck

Diese Wanderung bietet eine Reihe von netten Details: Der Aufstieg verläuft auf einem sehr schönen Waldweg, es folgt eine sonnige Wiesenlandschaft, durchsetzt mit Bauernhöfen und schließlich durchwandert man noch das Pirchner Moos, welches Lebensraum für viele Pflanzen und Tiere ist. Das Sonnendorf Terenten, der mit Skulpturen gestaltete Stockner Talweg und der Wasserfall runden das Erlebnis ab.

Wegbeschreibung: Oberhalb vom Bahnhofs-Parkplatz (748 m) in Niedervintl führt eine Treppe auf die Straße hinauf. Man überquert sie und setzt den Weg links über die Treppe aufwärts fort. Man erreicht bald die Pfunderer Straße und spaziert kurz rechts an dieser entlang, bis rechts Wanderweg 9A (Schilderbaum) hinaufführt. Sobald man auf eine Asphaltstraße gelangt, nach rechts weiterwandern, an dem

Herbststimmung auf dem Weg Richtung Margen

Holzlager vorbei, in der Nähe des Hauses leitet Weg 9A nach links. Er zieht sich nun in kontinuierlicher Steigung durch den schönen Fichtenwald hinauf, man läuft kurz auf dem Schwalbenwandrundweg und geht wieder links aufwärts (vorher rechts hinaus zum Aussichtspunkt, 748 m). Man kommt auf die Peiner Straße und geht auf dieser bis zur Stelle weiter, wo Weg 1 (Straße) links nach Margen hinaufweist. Auf dieser bis zum nächsten Hof und dort rechts auf Weg 1A abbiegen. Auf diesem verbleibt man, bis er rechts zum Pirchner Moos (1290 m) hinabführt. Man folgt ihm weiterhin, überquert einen Bach und erreicht die Margener Straße, auf der man kurz nach rechts spaziert, dann nimmt man die Abkürzung und gelangt auf Straße und Wanderweg zum Tiroler Hof. Nun nach links ins Dorfzentrum von Terenten (1210 m) und am Parkplatz trifft man auf die Beschilderung zum Stockner Talweg 18. Am Despar und Spielplatz vorbei wendet er sich rechts hinab; man bleibt auf diesem nett gestalteten Rundweg, bis man auf die Unterdorfstraße (Nr. 17) trifft. Dort hält man sich links und marschiert eine Weile auf Asphalt und schließlich nach rechts über einen Forst- und Wanderweg hinab bis zum Wasserfall (800 m), der sich rechts vom Weg befindet. Immer noch auf Weg 17 hinunter zu den ersten Häusern. Nach diesen spaziert man sich rechts haltend über den netten Elfenweg zur Bushaltestelle in Obervintl (750 m).

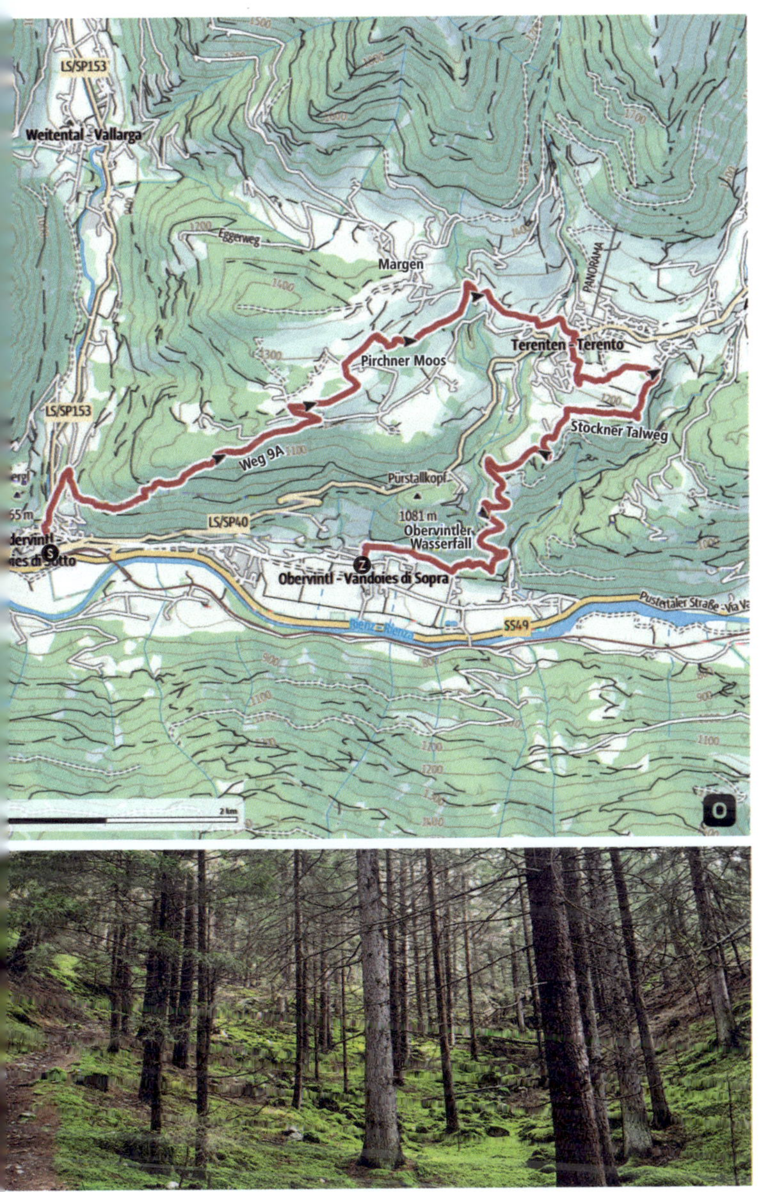

Über dio Schwalbenwand geht es durch Fichten- und Kiefernwald.

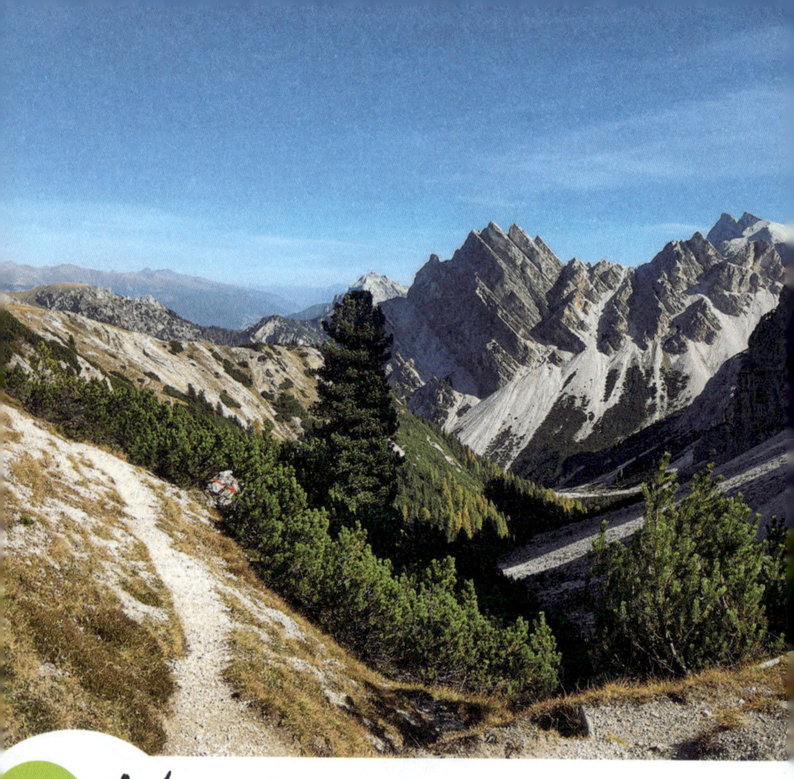

26 Vom Kreidesee zum Pragser Wildsee

»Vom Kreidesee über die Ciastlin-Wasserfälle zum Grünwaldjoch mit Abstieg über das Lärchen- und Grünwaldtal zum Pragser Wildsee«

S St. Vigil in Enneberg, Haltestelle Kreidesee (1272 m)

Z Bushaltestelle Pragser Wildsee (1493 m)

|—| 13,9 km

5:40 h

↑ 1037 m

↓ 817 m

(!) mittel

Mit dem Zug oder Linienbus bis St. Lorenzen und mit dem Linienbus 462 nach St. Vigil in Enneberg (Haltestelle Kreidesee im Rautal)

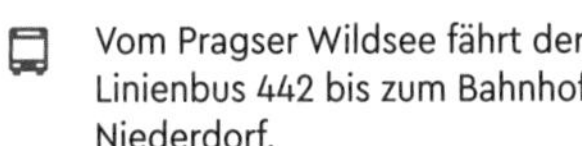

Vom Pragser Wildsee fährt der Linienbus 442 bis zum Bahnhof Niederdorf.

Diese Wanderung ist zwar ein recht langer Hatscher, aber das landschaftliche Erlebnis lässt alle Mühen vergessen: Der liebliche Kreidesee am Ausgangspunkt, die Wasserfälle im Ciastlintal, welches sich dann weiterhin stets zwischen den Dolomitenbergen dahinzieht, der spannende Aufstieg zum Grünwaldjoch mit seinem herrlichen Ausblick, das liebliche Grünwaldtal und zu guter Letzt der Pragser Wildsee mit seiner unübertrefflichen Schönheit ... das alles muss man einmal erlebt haben.

Wegbeschreibung: Von der Haltestelle (1272 m) kurz auf der Straße weitergehen und dann links abzweigen auf Wanderweg 25. Über Waldwege und dann auf einem Schottersteig entlang der Felsen erreicht man die Ciastlinfälle (1420 m), welche im gleichnamigen Tal über große

Vom Grünwaldjoch blickt man hinab in das Lärchental.

Felsbrocken hinabspringen. Über Treppen und Brücken wandert man an ihnen vorbei und dann geht es weiter durch das mit Schotter gefüllte, breite Tal hinauf. Es wird mehrmals überquert, man kommt an einer ersten kleinen Hütte vorbei und das Tal dreht sich nach rechts. Schließlich geht man am Rand des Tales durch lichten Wald und Latschen mit mäßiger Steigung bis zu einer nächsten, größeren Hütte. An dieser vorbei erreicht man eine Weggabel, der Steig 25 vereinigt sich mit der Nummer 24 (2125 m) und wendet sich nach links. Über einen Schotterhang steigt man auf schmalem Steig stetig bergauf, an Felswänden vorbei und ab und zu wird es etwas ausgesetzt und abschüssig. Man erreicht den höchsten Punkt, das Grünwaldjoch (2296 m) und sieht nun hinab in das nächste Tal, das Lärchental.
Ab jetzt geht es abwärts und die Wege teilen sich wieder, man folgt weiter Weg 25. Man erreicht abermals ein breites Schotterbett, ab und zu muss man die Markierung suchen. Man kommt hinab auf flache Almweiden und der Weg geht in die Nummer 19 über, welche durch das breite und flache Grünwaldtal Richtung Grünwaldalm (1590 m) hinausleitet. Es gibt einen breiten Schotterweg, weiter links ist auch ein Wandersteig zu finden. Von der Alm marschiert man immer noch auf Weg 19 zum Pragser Wildsee (1500 m) hinab und an dessen linkem Seeufer erreicht man ein Hotel und bald danach die Bushaltestelle (1493 m).

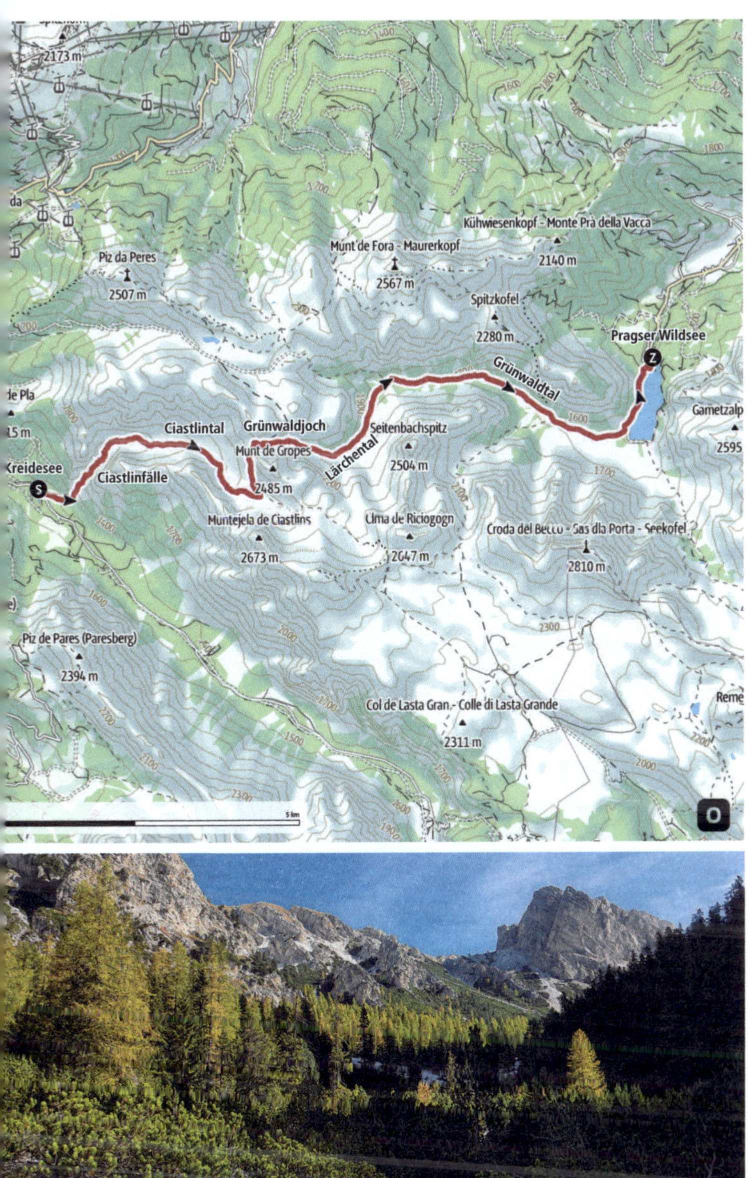

Der Weg inmitten von Latschen, am Rand des Ciastlintales

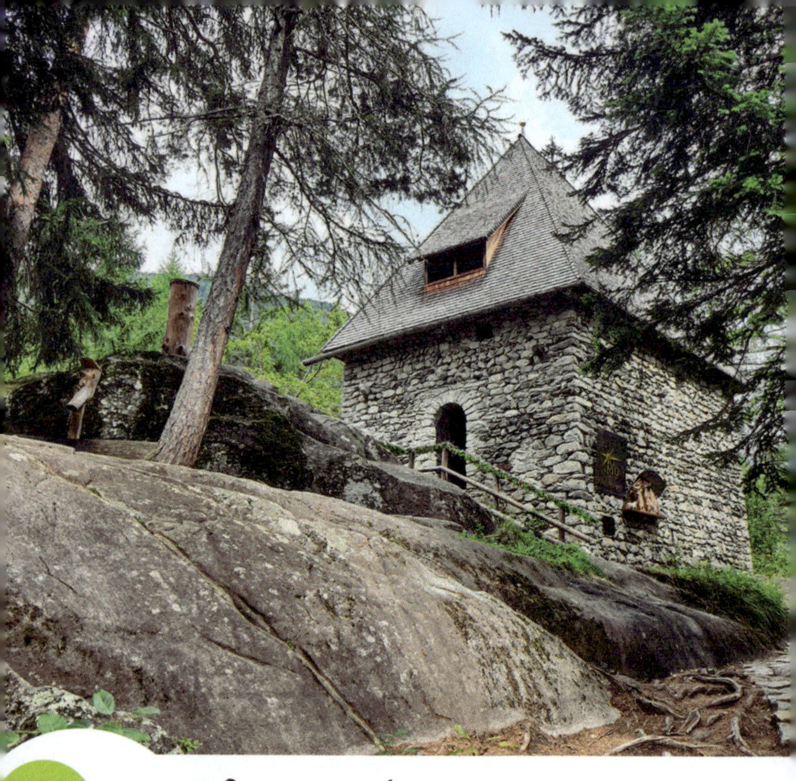

27 Entlang der Reiner Wasserfälle

»Über die Reiner Wasserfälle zur Franz-und-Klara-Kapelle, nach Ahornach und Abstieg zum Naturlehrpfad und Schloss Taufers«

S Bushaltestelle Sand in Taufers, Cascade (858 m)

Z Busbahnhof Sand in Taufers (864 m)

9,3 km

3:35 h

600 m

574 m

mittel

Mit dem Linienbus 450 von Bruneck nach Sand in Taufers und mit dem Citybus 455 zur Haltestelle Cascade

Vom Busbahnhof Sand in Taufers mit dem Linienbus 450 Richtung Bruneck

Diese Wanderung ist ein kompletter spiritueller Zyklus, in den noch die tosenden und imposanten Wasserfälle eingebunden werden. Man trifft auf den Franziskusweg, welcher unter der Leitung des Jugenddienstes des Dekanats Taufers gestaltet wurde und auch nach über 30 Jahren noch fasziniert. Auch die Franz-und-Klara-Kapelle am Tobl übt eine unheimliche Anziehungskraft aus. Der neu gestaltete Annaweg ist eine passende Fortsetzung, der Ausblick von Ahornach auf den Talboden sowie das imposante Schloss Taufers runden das Ganze ab.

Wegbeschreibung: Von der Bushaltestelle (858 m) bis zur Abzweigung des Winkelweges (rechts). Man folgt diesem, überquert die Ahr und spaziert dann nach links an der Ahr entlang; diese teilt sich, es geht immer in die gleiche Richtung weiter, aber nun am Reinbach entlang bis zur Brücke

Die Franz-und-Klara-Kapelle am Tobl, einstige Burg der Herren von Taufers bei Winkel. Hier zweigt man rechts ab, geht an den Parkplätzen vorbei und danach links über den Forstweg weiter. Dieser vereinigt sich beim ersten Wasserfall (900 m) mit dem Franziskusweg und führt zu zwei weiteren Wasserfällen. Man überquert den Reinbach und bald danach folgt man dem Weg zur Toblkapelle (rechts). An der Kapelle (1170 m) vorbei gelangt man zu einem Parkplatz an der Reintalstraße. Dort weist links abzweigend ein Schild nach Sand in Taufers; diesem folgend erreicht man ein E-Werk und die Straße ins Reintal. An der Straßenkreuzung nach Ahornach hält man sich bei einem Wegkreuz links hinauf auf Weg 6B (Annaweg). Vorbei an verschiedenen Skulpturen erreicht man Ahornach (1340 m), der letzte Teil verläuft auf Asphalt. In Ahornach geht man auf der Fahrstraße an der Kirche vorbei abwärts, bis links Weg 10 abgeht. Man folgt diesem, überquert die Ahornacher Straße und erreicht nach den Nöcklerhöfen eine Zufahrtsstraße. Dort zweigt Weg 2A ab, man hält sich rechts und an der nächsten Weggabel geht es auf Weg 2B weiter zum Schloss Taufers (956 m). Links vom Eingangstor führt ein Weg hinab, man kommt an einer Kapelle vorbei. Sobald man zu den ersten Häusern gelangt, folgt man der Straße nach links, überquert die Ahr auf der Fußgängerbrücke und ist bald an der Bushaltestelle an der Hauptstraße (885 m).

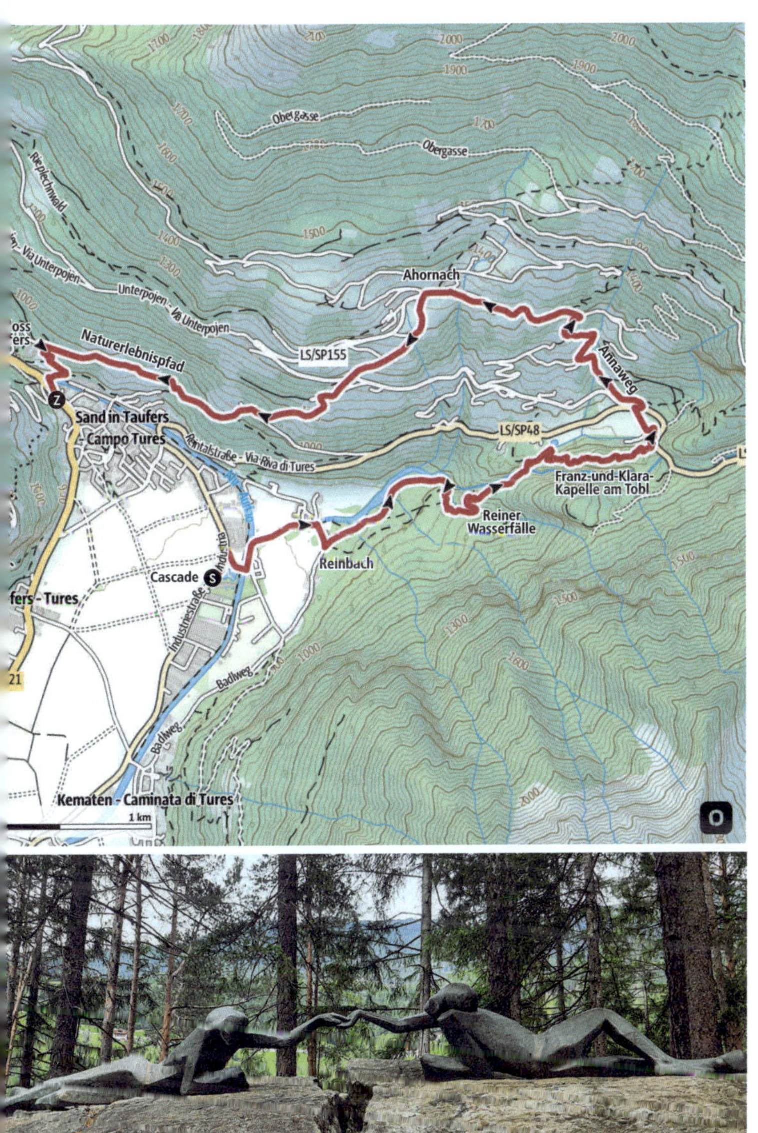

Besinnungspunkt am Franziskusweg

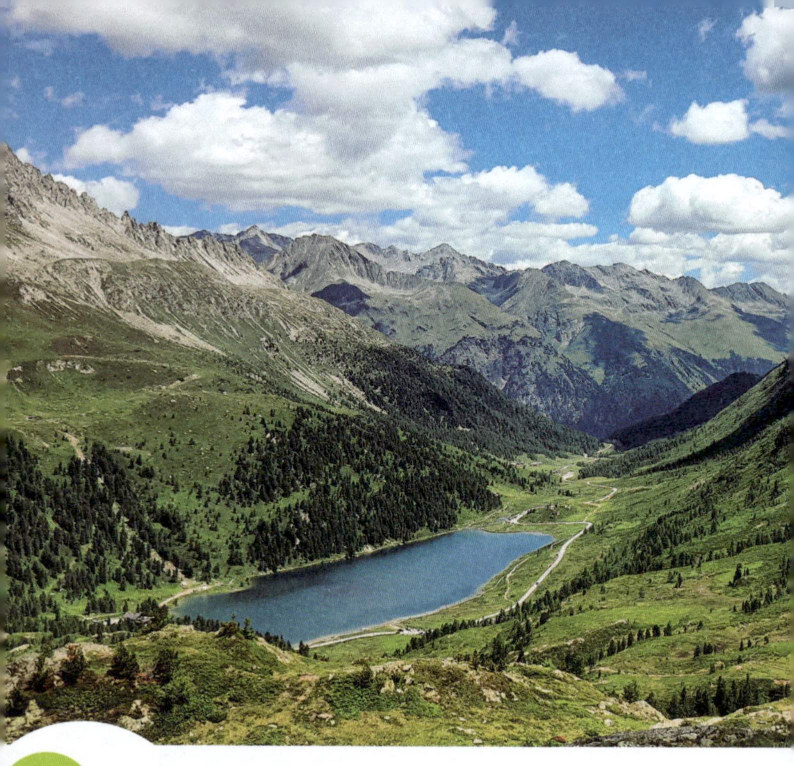

28 Seeblick im Antholzer Tal

»Vom Antholzer See zum Staller Sattel, weiter zur Steinzger Alm und über den Almenweg zurück«

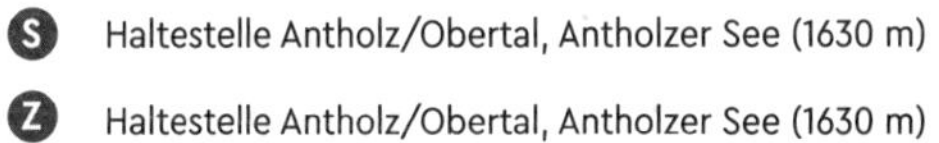

S Haltestelle Antholz/Obertal, Antholzer See (1630 m)

Z Haltestelle Antholz/Obertal, Antholzer See (1630 m)

10,8 km

4:15 h

635 m

635 m

mittel

Mit dem Zug oder Linienbus zum Bahnhof Olang

Der Linienbus 431 fährt von Olang regelmäßig zum Ausgangspunkt am Antholzer See und retour, teilweise startet dieser bereits in Bruneck.

Der Antholzer See am Ende des gleichnamigen Tales gehört zum Naturpark Rieserferner-Ahrn und ist somit geschützt. Er ist mit 44 Hektar Fläche der drittgrößte Südtirols und eine Wanderung an diesem See ist zu jeder Jahreszeit ein faszinierendes Erlebnis. Im Winter ist er zugefroren und die Langläufer ziehen ihre Bahnen oder die Fußgänger spazieren gemütlich auf dem See dahin. Das Biathlon-Stadion „Südtirol Arena", welches sich neben dem See befindet, muss natürlich auch erwähnt werden, war es doch bereits Austragungsort von mehreren Biathlon-Weltmeisterschaften. Das nächste Ziel, der Staller Sattel, ist seit 1920 auch Grenze zwischen Österreich und Italien. Er trennt das österreichische Defreggental vom italienischen Antholzer Tal. Die verbindende Passstraße wurde 1974 fertiggestellt, im Winter ist sie für den Verkehr gesperrt. Sie wird dann gerne als Rodelbahn genutzt. Zudem

Herrlicher Blick oberhalb des Obersees am Staller Sattel ins Defreggental

ist am Pass auf der österreichischen Seite ein weiterer See, der Obersee. An der höchsten Stelle der Wanderung, Richtung Obere Steinzger Alm, steht auf einem Felsen ein Holzkreuz. Man kann einen traumhaften Blick auf die Seen genießen. Noch besser wird es dann, wenn man bald danach dem Hinweisschild zum „Zweiseenblick" folgt, einem fantastischen Aussichtspunkt.

Wegbeschreibung: Von der Haltestelle (1630 m) auf dem Gehweg an der Straße bis zur Tiroler Hütte, dort biegt man links ab und bei der nächsten Weggabel geht es rechts zum Seerundweg weiter. An der Nordseite des Sees entlang erreicht man über einen nett gestalteten Naturerlebnispfad ein Restaurant und wandert weiter zur Staller-Sattel-Straße. Rechts davon führt der Steig 11 für die Wanderer auf diesen Sattel hinauf. Man trifft ab und zu auf die Straße bzw. überquert sie. Am Staller Sattel (2052 m) selbst angekommen, führt rechts Weg 7 aufwärts. Auf diesem gelangt man zu einer Weggabel, wo man rechts auf Steig 7B weiter Richtung Steinzger Alm weitermarschiert. Vorbei an der Oberen Steinzger Alm (2076 m) steigt man ab zur Steinzger Alm (1894 m). Dort führt ein bequemer Forstweg (Almenweg) hinab zur Seestraße. Der Almenweg begleitet die Straße bis zum Parkplatz und der Bushaltestelle (1630 m).

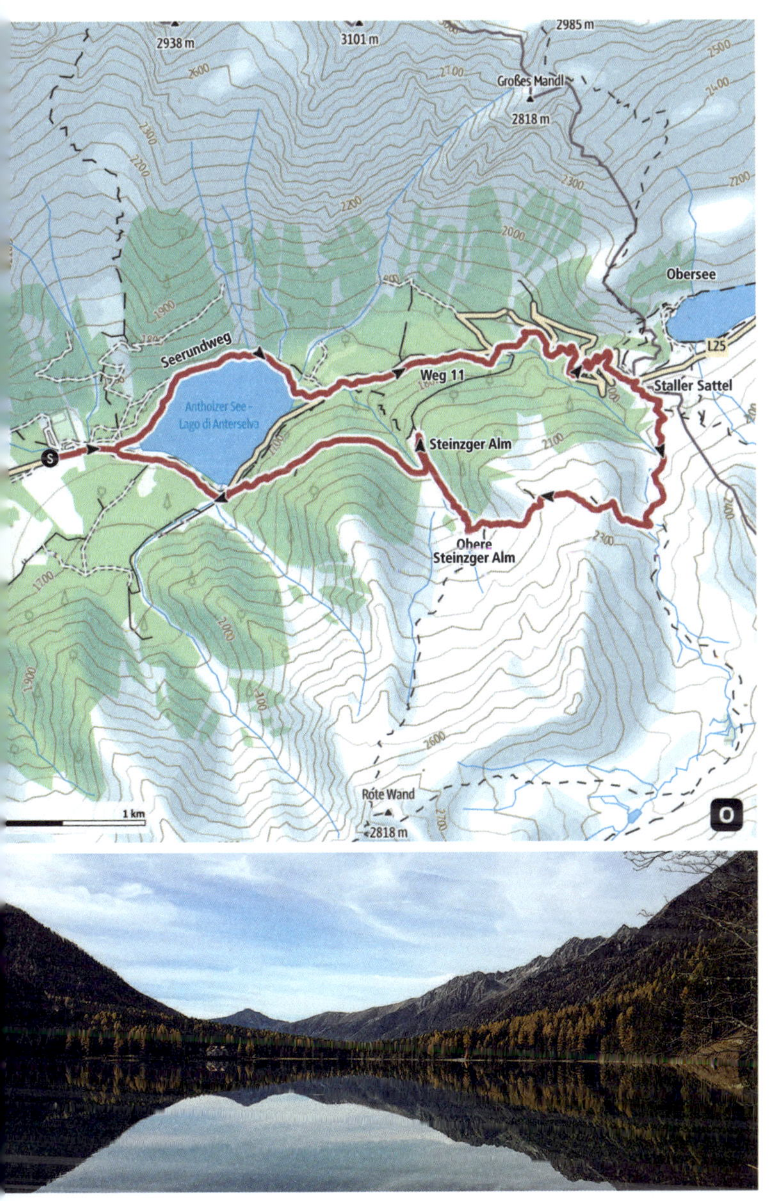

Der Antholzer See im Naturschutzgebiet Rieserfern-Ahrn

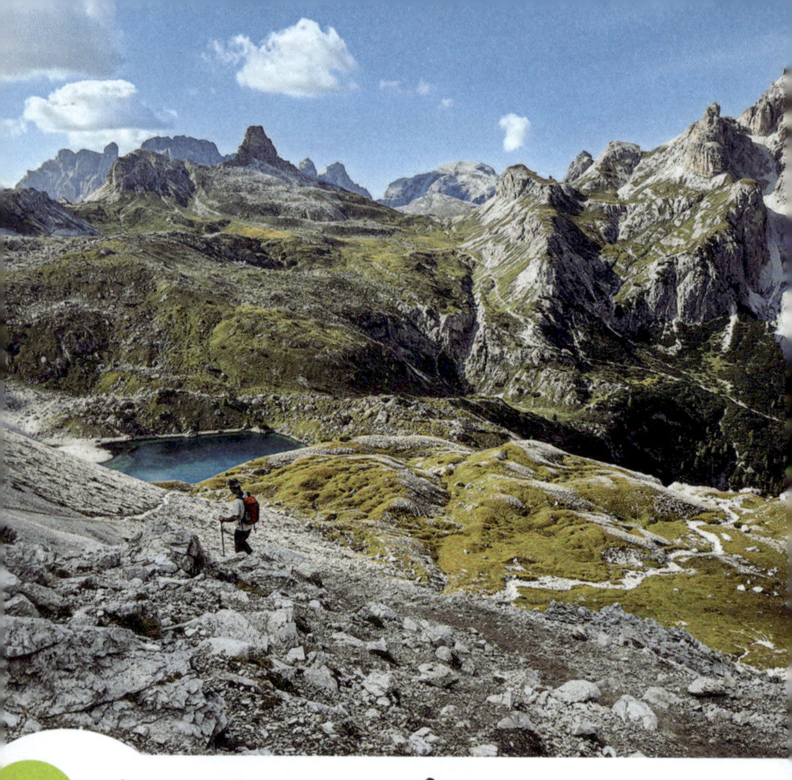

29 Im Angesicht der Drei Zinnen

"Vom Fischleintal über die Zsigmondy- und Büllelejochhütte zur Oberbachernspitze. Abstieg über das Altensteintal"

Ⓢ Bushaltestelle Fischleintalboden (1450 m, Moos bei Sexten)

Ⓩ Bushaltestelle Fischleintalboden (1450 m, Moos bei Sexten)

17,9 km

7:30 h

1241 m

1241 m

mittel

Mit dem Zug oder Linienbus nach Innichen

Der Ausgangspunkt Fischleintalboden ist mit dem Linienbus 446 vom Bahnhof Innichen erreichbar.

Diese Tour zählt zu den Klassikern. Die Drei Zinnen sind ja seit jeher eines der beliebtesten Fotomotive und Wanderziele in Südtirol, vor allem bei den Touristen. Seit der Aufnahme in das Unesco-Weltnaturerbe hat sich die Bekanntheit noch gesteigert. Diese Tour führt zwar nicht direkt zur Drei-Zinnen-Hütte hin, sie kann aber eingebunden werden. Die Landschaft ist trotzdem auch bei dieser Runde ein unvergessliches Erlebnis, ein Gipfelkreuz ist ebenso dabei und die Drei Zinnen kann man auf dem Weg zur Oberbachernspitze auch noch sehen, allerdings aus einer etwas anderen Perspektive. Der Blick auf die Sextner Sonnenuhr, nämlich Elfer, Zwölfer und Einser ist zudem Begleiter dieser Route und man wandert eigentlich kontinuierlich durch eine unheimlich beeindruckende Felsenszenerie. Die Gegend ist in den Bereich des Naturparkes Drei Zinnen eingebunden und somit geschützt. Außerdem

Der Abstieg zum Unteren Bödensee

waren die Berge hier auch Schauplatz des Gebirgskampfes des Ersten Weltkrieges und darum blicken auch die Hütten auf eine wechselvolle Geschichte zurück.

Wegbeschreibung: Von der Bushaltestelle (1450 m) spaziert man anfangs auf Asphaltstraße (Nr. 102) und dann links ab auf dem Wanderweg 102 bequem zur Talschlusshütte (1548 m). Dort beginnt langsam der Anstieg, der Weg teilt sich und man wendet sich nach links auf Steig 103. Er wird zusehends steiler, windet sich teils in Serpentinen hinauf, ist aber stets gut angelegt und gepflegt. Man erreicht die Zsigmondyhütte (2224 m), wo man den Steig 101 zur Büllelejochhütte (2528 m) einschlägt. Durch eine interessante Felsenregion, nunmehr auch teilweise in flacherem Verlauf, erreicht man die Hütte. Links an der Hütte vorbei (Weg 101A) steigt man in einer guten halben Stunde noch bis zum Gipfelkreuz der Oberbachernspitze (2675 m) auf und kehrt auf demselben Weg zur Büllelejochhütte zurück. Von dort wandert man auf Weg 101 zum Büllelejoch (2522 m) und weiter. Man gelangt zu einem Weg, der rechts hinab zum Unteren Bödensee (2226 m) führt. Rechts an diesem vorbei weiter zu Steig 102 im Altensteiner Tal. Auf diesem steinigen Weg steigt man zur Talschlusshütte ab und kehrt auf bereits bekannten Pfaden wieder zum Ausgangspunkt (1450 m) zurück.

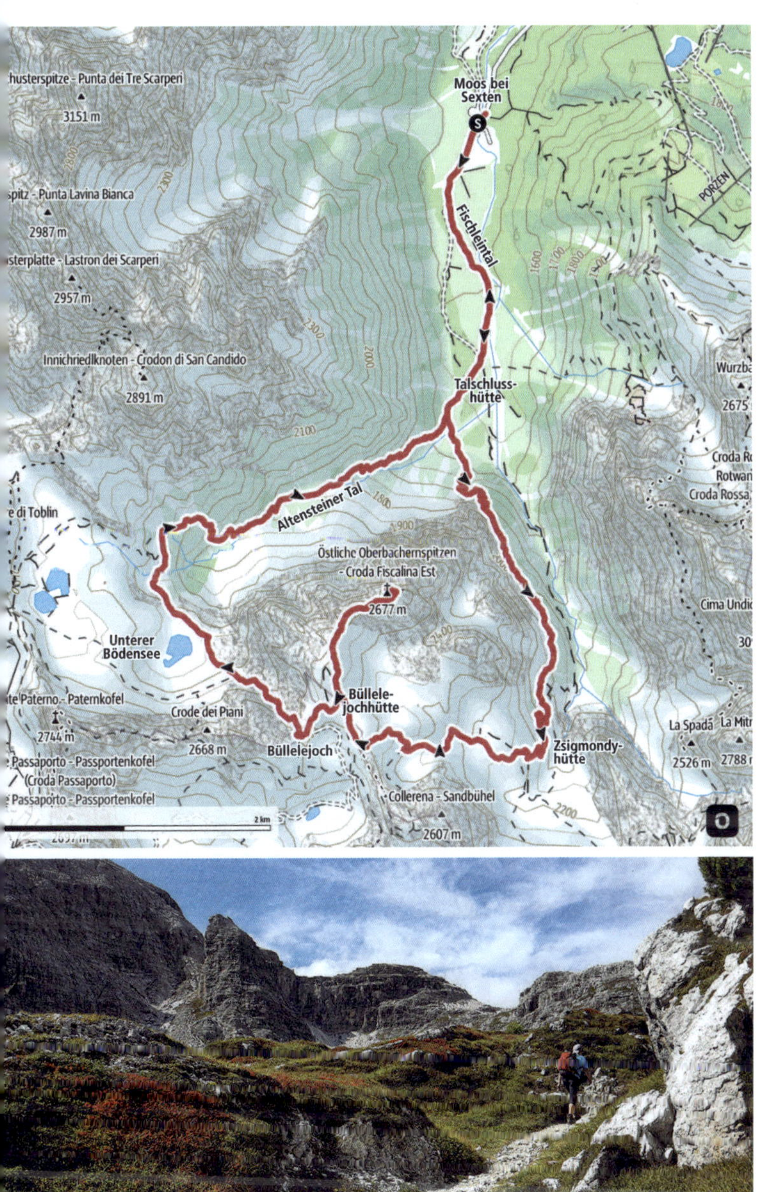

Unterwegs Richtung Büllelejochhutte

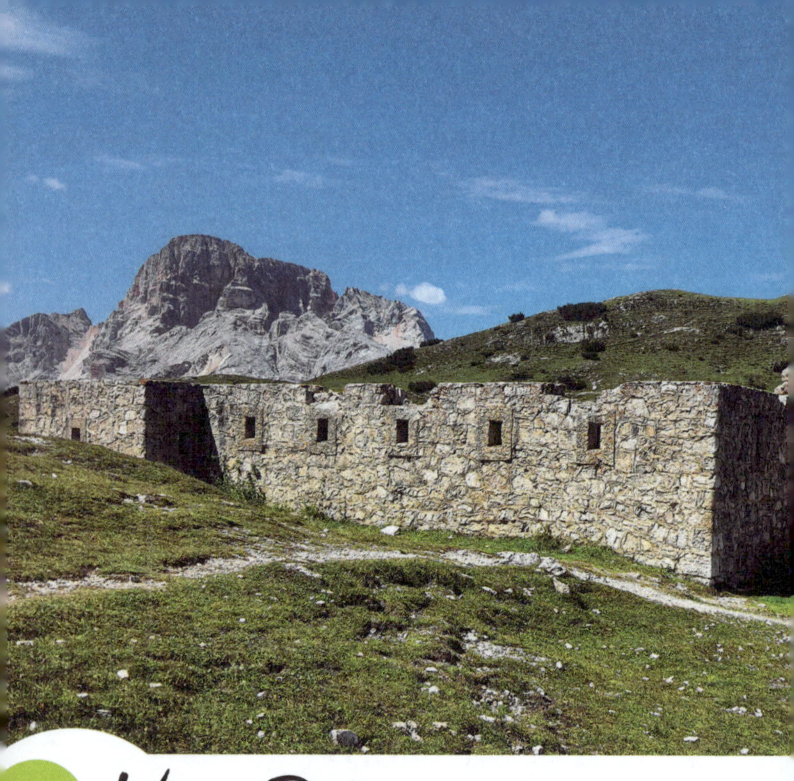

30

Vom Dürrensee zur Drei-Zinnen-Schau

»Vom Dürrensee im Höhlensteintal auf den Strudelkopfsattel, den Strudelkopf und die Plätzwiese«

Bushaltestelle Hotel Dreizinnenblick (1404 m)

Bushaltestelle Plätzwiese (1973 m)

9,9 km

4:30 h

955 m

387 m

mittel

Mit dem Zug oder Linienbus nach Toblach

Von Toblach fährt regelmäßig der Linienbus 444 oder 445 zum Ausgangspunkt.
Von der Bushaltestelle Plätzwiese gelangt man mit dem Linienbus 443 nach Niederdorf.

An Überraschungen fehlt es nicht: Da sind die traurigen Erinnerungen an den Ersten Weltkrieg, welche einem in diesem einstigen Frontgebiet in Form von Militärwegen, Felsentunnels und Ruinen fortwährend begegnen. Sogar das Gipfelkreuz auf dem Strudelkopf wurde in Gedenken an die heimgekehrten Frontkämpfer errichtet.
Dieser Berg ist aber auch wegen des unschlagbaren Blickes auf die Dolomiten, allen voran die Drei Zinnen, ein sehr beliebter und von der Plätzwiese aus unschwierig zu erreichender Gipfel. Die von Bergen umrahmte, beliebte Plätzwiese und das ganze Gebiet sind in den Naturpark Fanes-Sennes-Prags eingegliedert. Die reichhaltige Flora ist ein weiterer Höhepunkt dieses Gebietes.

Ehemalige Festungsanlagen auf dem Strudelkopfsattel

Wegbeschreibung: Von der Bushaltestelle (1404 m) kurz Richtung Cortina spazieren und rechts auf Weg 34 abbiegen. Auf diesem Steig wandert man zu Beginn durch Wald hinauf, er geht über in Serpentinen und schließlich kommt man in felsigere Regionen. Man erreicht eine Treppe, ein Tunnel wird durchquert und wandert auf dem Militärsteig kurz ausgesetzt an senkrechten Felsenwänden entlang und umrundet so die Strudelköpfe. Es ist ein Halteseil angebracht und durchwegs ein guter Wanderweg vorhanden. Anschließend erreicht man das Helltal und steigt in angenehmer Wanderung zum Strudelkopfsattel (2200 m, altes Militärgebäude) auf. Immer noch auf Weg 34 hält man sich nun links und überwindet die letzten Höhenmeter zum Strudelkopf (2303 m). Anschließend kehrt man zum Sattel zurück und wandert nun auf Weg 34 Richtung Plätzwiese weiter. Man gelangt zur Abzweigung Richtung Dürrensteinhütte, bleibt aber weiterhin auf Weg 34, schließlich geht es kurz abwärts zu einer Wegkreuzung. Ein Weg führt leicht aufwärts zum Dürrenstein, man geht hier aber auf dem linken, unteren Weg zur Plätzwiesenalm (2030 m). Oberhalb der Hütte spaziert man weiter, bis der Weg links hinab zum Berggasthof Plätzwiese leitet. Auf der Straße kurz weiter bis zur Bushaltestelle (1973 m).
Alternative: Man kann auch Richtung Dürrensteinhütte (2040 m) marschieren und auf der Militärstraße 37 und Abkürzungen zu Fuß zur Bushaltestelle nach Schluderbach (1438 m) absteigen.

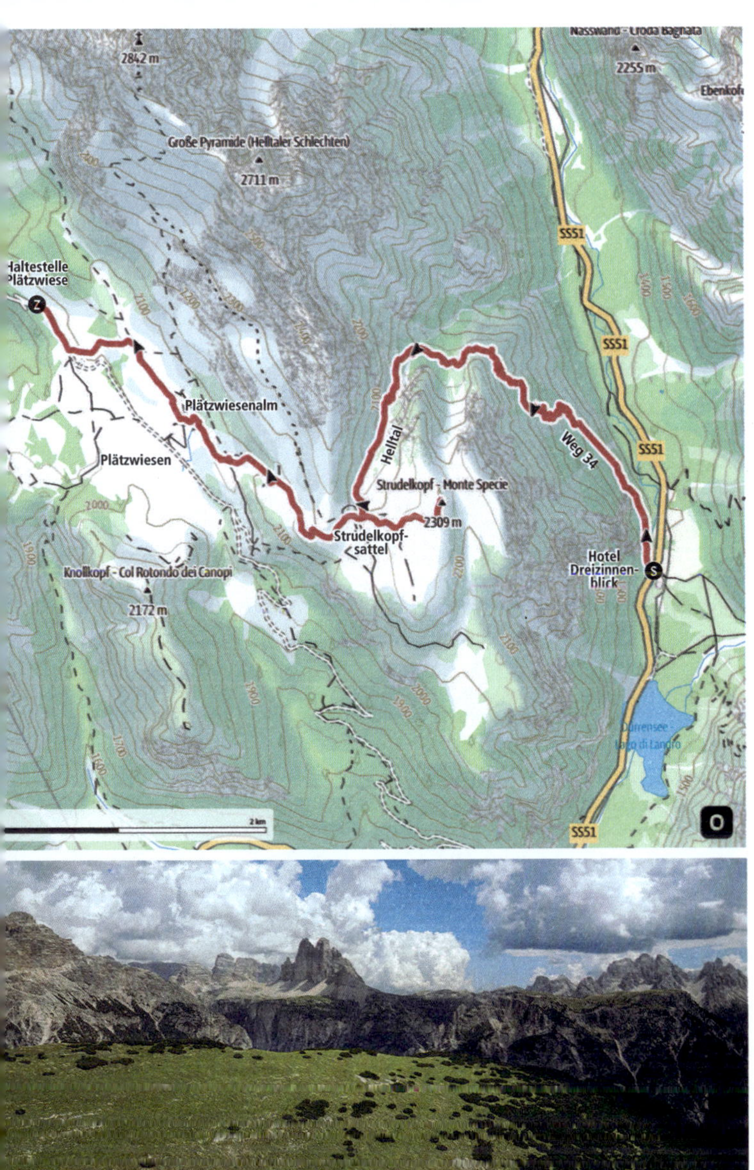

Ausblick vom Gipfel des Strudelkopfes

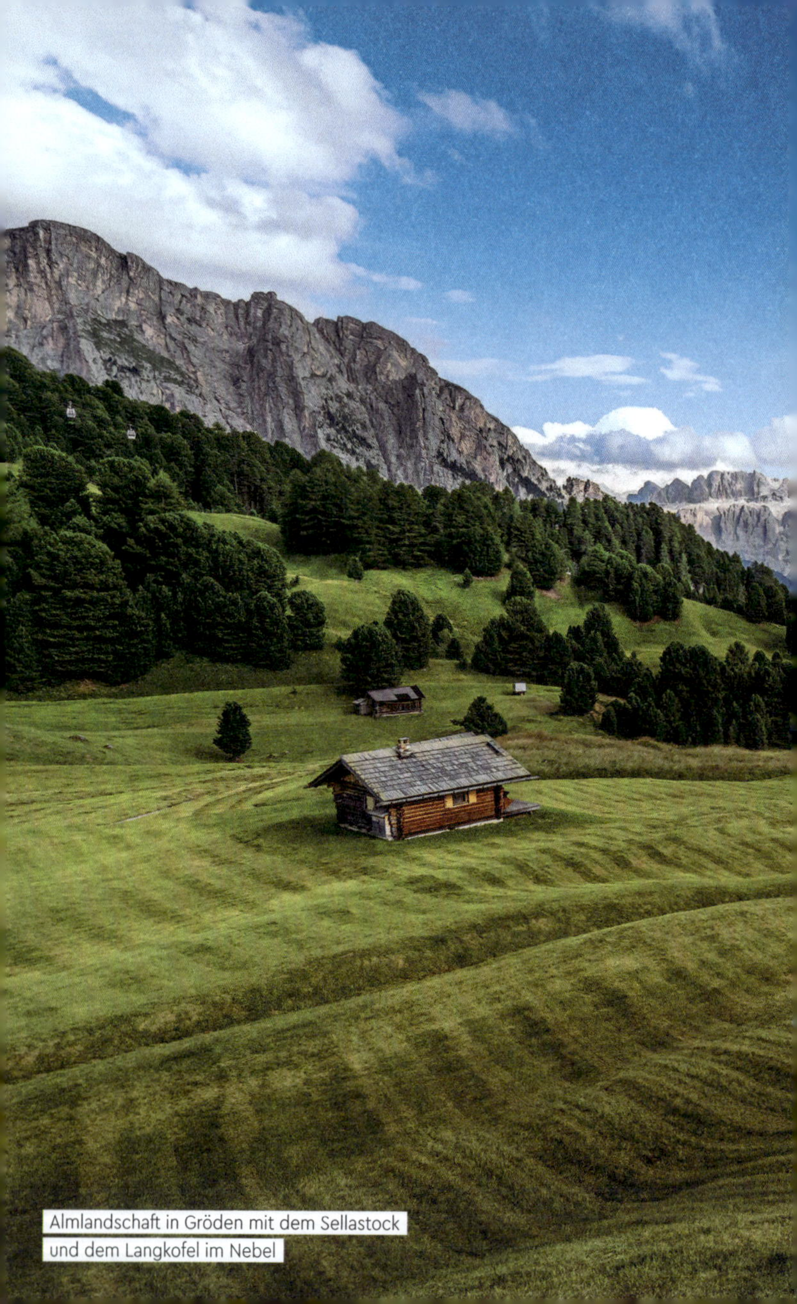

Almlandschaft in Gröden mit dem Sellastock
und dem Langkofel im Nebel

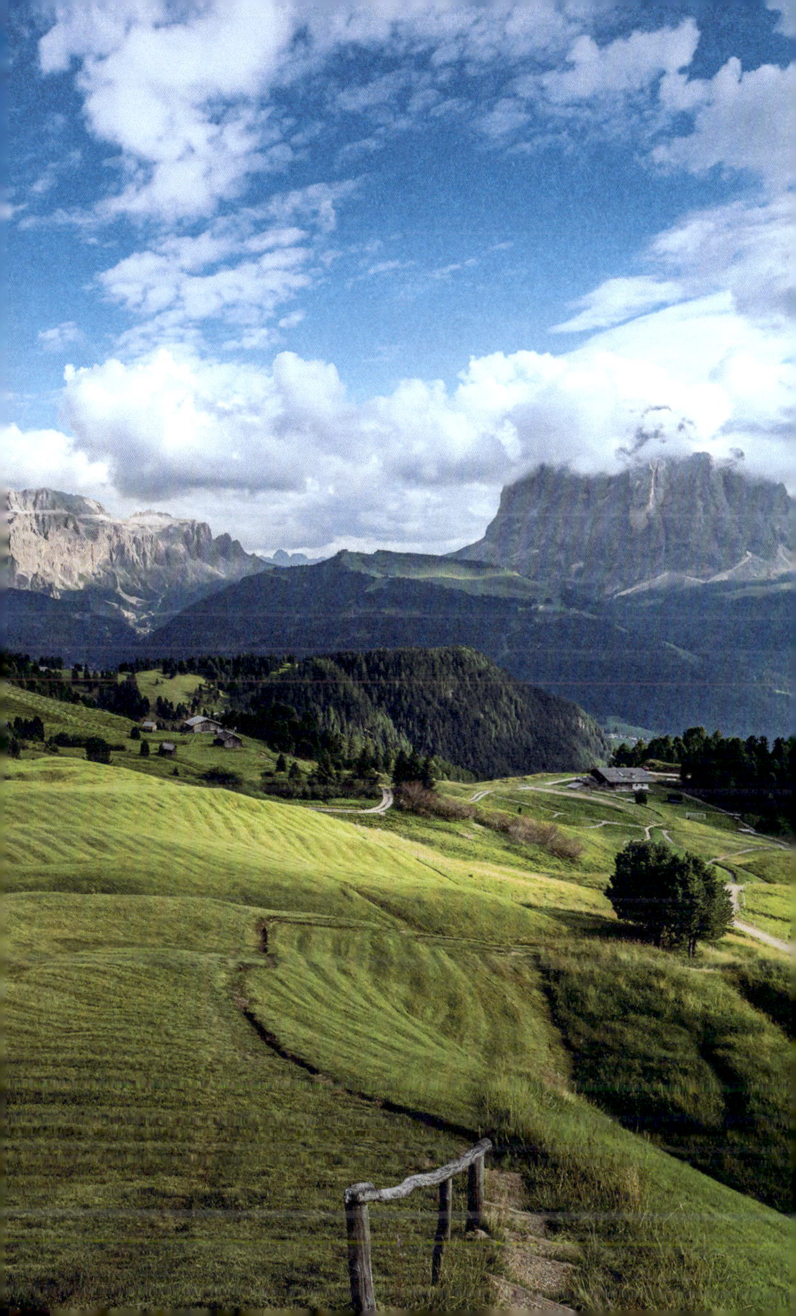

Hinweis: Alle Angaben in diesem Wanderführer wurden von der Autorin sorgfältig recherchiert. Sollten Sie bei Ihren Touren dennoch Unstimmigkeiten bemerken, nimmt der Verlag Ihre Hinweise gerne entgegen (buchverlag@athesia.it). Die Benutzung dieses Führers erfolgt auf eigenes Risiko. Eine Haftung für etwaige Unfälle und Schäden wird weder von der Autorin noch vom Verlag übernommen.

BILDNACHWEIS
Alle Bilder stammen von **Rosmarie Rabanser Gafriller** außer **Athesia-Tappeiner Verlag** 9, 18; **Peter Außerdorfer** 53; **Adele Defranceschi** 60; **Patrick Egger** 42, 45; **Bea Hinteregger** 125; **Siegfried Lercher** 16, 17 m. l., u.; **Hanspaul Menara** 61; **Helmut Moling** 104; **Manfred Pernthaler** 54; **Roland Pircher** 11 u.; **Johannes Staffler** 66; **stock.adobe.com** (Ingo Bartussek) 4, (LHJ Photo) 6/7, (Rene Gamper) 10/11, (mmphoto) 110/111, (diavoletto) 124, (Chavdar Lungov) 154/155 und aus dem **Privatbesitz der Inserenten.**

1. Auflage 2024

Umschlaggestaltung: FAVORITBUERO, München
Design & Layout: Athesia-Tappeiner Verlag
Kartografie: © Outdooractive; © OpenStreetMap (ODbL) – openstreetmap.org
Bildbearbeitung: Typoplus, Frangart
Druck: Athesia Druck, Bozen
Papier: Umschlag Symbol Card, Innenteil Natural Extra White

Gesamtkatalog unter
www.athesia-tappeiner.com

Fragen und Hinweise bitte an
buchverlag@athesia.it

ISBN 978-12-80864-16-1

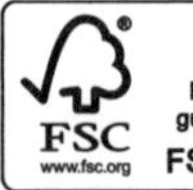

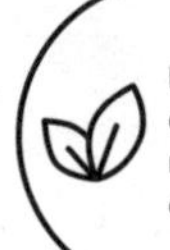

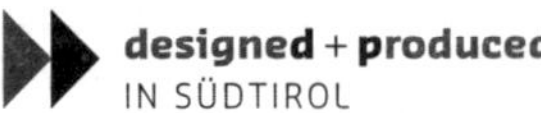